HERBERT LEDERER
EIN LEBEN – NICHT NUR – FÜR NESTROY

BILDER AUS EINEM THEATERLEBEN
PUBLIKATIONSREIHE DER INTERNATIONALEN NESTROY-GESELLSCHAFT
BAND 4

ARNOLD KLAFFENBÖCK

HERBERT LEDERER

EIN LEBEN
– NICHT NUR –
FÜR NESTROY

VERLAG LEHNER

Die Drucklegung erfolgte mit Unterstützung des Bundesministeriums für
Bildung, Wissenschaft und Kultur in Wien, der Kulturabteilung der Stadt
Wien, Wissenschafts- und Forschungsförderung sowie der Sektion Kunst des
Bundeskanzleramtes.

ISBN 978-3-901749-59-9

INHALTSVERZEICHNIS

Zum Geleit 7

Vorwort 9

1. Ein Nestroy mit vielen Gesichtern 13

2. ... doch nicht umsonst! 23

3. Wien anno dazumal 57

4. Ein Narr'nhaus 71

5. Playboy Nestroy 79

6. Brecht und Nestroy 97

7. Du holdes Couplet 107

8. Die ungleichen Zwillingsbrüder 123

9. Nestroy – im Gespräch 141

Literaturverzeichnis 148

ZUM GELEIT

In der „Josefstadt" hat gerade Peter Turrinis *Mein Nestroy* seine erfolgreiche Premiere. Turrini hat also seinen Nestroy, Helmut Lohner hat seinen und einen ähnlichen hat Otto Schenk. Josef Meinrad war Nestroy in Person, Gustav Manker fand seinen (kargen, großartigen) Joh. Nepomuk. Ich habe meinen J. N. N. lange gesucht – in Graz mit J. J. Adolfi und H. Ebbs, in Wien mit Manker und Benning und zuletzt mit meinem geliebten Leopold Lindtberg. So gerüstet lernte ich Herbert Lederer kennen, einen, der Nestroy nicht spielte. Er w a r der Wiener Aristophanes. Er verschmolz alle Erfahrungen, alles Wissen, allen Sarkasmus und alle tiefe innere Trauer zu einem Gesamtkunstwerk. Mit gnadenloser Treffsicherheit schoss er sich ein und traf immer. Ich kenne ihn persönlich nicht sehr gut, aber ich weiß, wer er ist. Aufrecht, klar, mutig.

Ein Gesetz vereitelt es, dass Schauspieler, die nicht lange an einem „großen Theater" waren, Kammerschauspieler werden können. Das trifft bei Herbert Lederer zu. Sein Theater war zu klein, obwohl es großes Theater war. Schade. Er hätte sich über diesen Titel besonders gefreut.

So bleibt nur ein Hut-Ziehen und Gedanken in Hochachtung und Freundschaft; und mein Dank, dass ich in ihm „meinen Nestroy" erleben durfte!

Prof. Fritz Muliar

VORWORT

Herbert Lederers intensive Beschäftigung mit Johann Nestroy lässt sich über Jahrzehnte hinweg verfolgen, sie ist durch unveröffentlichte Archivalien und gedruckte Zeugnisse ausreichend belegt. Somit besteht eigentlich eine günstige Ausgangslage, Lederers Aktivitäten in Bezug auf Nestroy literatur- und theaterwissenschaftlich zu dokumentieren.

Angesichts des reichen und vielfältigen Schaffens Lederers für das Theater insgesamt, seiner unzähligen Auftritte auf der Bühne in höchst unterschiedlichen Rollen stellt sich jedoch die Frage, inwieweit es legitim ist, nur eine – wenngleich wesentliche – Facette aus seinem Œuvre herauszulösen und gesondert darzustellen. Führt der filternde und isolierende Blick des Wissenschaftlers, der sich dankbar an jedem Detail festhakt und alles berücksichtigt, was für sein Thema brauchbar erscheint, nicht zu einer Verzerrung der Wirklichkeit und schafft künstliche Verhältnisse, weil er ausblendet, was inhaltlich nicht in seinen Fokus gerät?

Kann die von vornherein getroffene, notwendige Beschränkung auf einen Teilaspekt, so ambitioniert der Ansatz auch sein mag, dem Gegenstand gerecht werden? Und wo bleibt der Mensch innerhalb dieser Abstraktion, der Künstler, dessen Kreativität und Fantasie letztlich dafür ausschlaggebend sind, dass man als Forscher überhaupt einen Anlass und Gegenstand hat, Untersuchungen anzustellen und wissenschaftlich zu urteilen?

Dass trotz solcher Bedenken ein Buch vorgelegt wird, welches sich in der Hauptsache Lederer und Nestroy widmet, hat mehrere Gründe. Zum einen muss der 80. Geburtstag Lederers erwähnt werden, den der Jubilar am 12. Juni 2006 begehen durfte, zum anderen die Verleihung der Johann-Nestroy-Ehrenmedaille am 12. Dezember 2006 durch die Internationale Nestroy-Gesellschaft in Anerkennung seiner Arbeit für und mit Nestroy.

Zur Jahresmitte 2006 schloss Herbert Lederer sein ‚Theater am Schwedenplatz‘. Die Erinnerung an diese wichtige Theaterstätte Wiens wach zu halten, dazu möchte diese Publikation auch einen kleinen Beitrag leisten, in erster Linie freilich den Nestroy-Interpreten Lederer in Wort und Bild würdigen.

Der Aufbau des Buches orientiert sich an der Chronologie der sieben Nestroy-Produktionen Herbert Lederers, die er beginnend in den 1960er bis in die 1990er Jahre zusammengestellt hat. Ehe die Programme im Einzelnen vorgestellt werden, versucht eine biografische Skizze im ersten Kapitel, Lederers Beziehung zu Nestroy innerhalb seiner Bildungssozialisation und seines Werdegangs als Schauspieler vor dem Hintergrund des Zeithorizonts und bestimmender Kontexte des Kulturbetriebs, in die Lederer und Nestroy eingebettet waren, zu erschließen. Die darauf folgenden Kapitel widmen sich jeweils gesondert einem der

Nestroy-Programme, die allerdings nicht isoliert stehen, sondern teilweise ineinander übergreifen oder sich in manchen Fällen sogar aufeinander beziehen, was in Querverweisen angezeigt wird. Die Gliederung strukturiert die Kapitel dergestalt, dass Entstehungsgeschichte und Inhalt, die Meinung der Kritik sowie die Tourneen Herbert Lederers mit seinen Produktionen erläutert werden. Viel Raum wurde der Wiedergabe der zeitgenössischen Rezensionen gelassen, um ein authentisches und lebendiges Bild von der bisweilen kontroversen Sichtweise zu vermitteln. Wenn es nötig schien, beispielsweise bei der Gründung der eigenen ‚Theater im Pongau' und später am ‚Schwedenplatz', erschließen Exkurse in Verbindung mit den Programmen wichtige Hintergründe und Entwicklungen innerhalb von Lederers Theaterbetrieb.

Eine Auswahl von Gedanken Herbert Lederers zu Nestroy hat der Autor in mehreren Gesprächen notiert und als Dialog in lockerer Form an den Schluss des Buches gestellt, der einen Blick in die Theaterwerkstätte Lederers erlaubt.

Die Zitation aus den Stücken und Briefen Nestroys erfolgt prinzipiell nach der erfreulicherweise nun fast kompletten *Historisch-kritischen Ausgabe* (im Text als HKA abgekürzt). Wird hingegen aus den Programmheften oder Unterlagen im Besitz Herbert Lederers zitiert, so ist das in den Fußnoten eigens vermerkt. Dass auch Nestroy sehr oft zu Wort kommt und neben der Dokumentation, wenn man so will, auch so etwas wie ein Nestroy-Lesebuch entstanden ist, sei am Rande vermerkt. Um aber einen nachvollziehbaren Eindruck von der Arbeitsweise Lederers und der Montagetechnik bei seinen Produktionen zu geben, war es unerlässlich, viele Passagen aus den Bühnenwerken Nestroys einzuflechten, die freilich selbst bei wiederholtem Lesen durch den Gedanken- und Bilderreichtum ihres Verfassers überraschen.

Die Arbeit an diesem Buch wurde von Beginn an von einer positiven Stimmung getragen. Erste Anregungen zu einer Dokumentation der Nestroy-Programme Herbert Lederers kamen vom Geschäftsführer der Internationalen Nestroy-Gesellschaft, Ministerialrat Dipl.-Ing. Karl Zimmel, der auch die nötigen Kontakte zwischen dem Autor und Herbert Lederer herstellte.

Aufgeschlossen gegenüber der Idee, Lederers Tätigkeit für Nestroy wissenschaftlich aufzuarbeiten, zeigte sich die Kulturabteilung der Stadt Wien (MA 7). Herrn Obersenatsrat Univ.-Prof. Dr. Hubert Christian Ehalt sei für die großzügige Bewilligung eines Wissenschaftsstipendiums gedankt, wodurch die Recherchen wesentlich erleichtert und der Fortgang der Arbeiten beschleunigt wurden, sowie dem Präsidenten der Internationalen Nestroy-Gesellschaft, Prof. Dr. Heinrich Kraus, für sein engagiertes Bemühen um dieses Werk. Dass aus dem anfänglich geplanten Aufsatz schließlich ein Buch wurde, lag nicht zuletzt an der Internationalen Nestroy-Gesellschaft, die sich entschloss, den Band in die gut eingeführte Reihe ‚Bilder aus einem Theaterleben' aufzunehmen.

Zu danken ist aber besonders Herbert Lederer und seiner Frau Erna Perger, die ihr gastfreundliches Haus dem Autor öffneten. Ihr Wohlwollen und ihre Geduld bei den vielen Gesprächen sowie die Möglichkeit der Einsichtnahme in die privaten Archivalien trugen maßgeblich zur Realisierung der Publikation in dieser Form bei. Als große Stütze erwiesen sich die von Herbert Lederer verfassten Bücher *Theater für einen Schauspieler* (1973), *Im Alleingang* (1984) und *Bevor alles verweht …* (1986), wobei Letzteres inzwischen selbst ein gesuchtes Standardwerk zur Wiener Theatergeschichte darstellt.

Kammerschauspieler Prof. Fritz Muliar hat es sich nicht nehmen lassen, ein Geleitwort beizusteuern.

Unterstützung erhielt der Autor von Dr. Walter Obermaier, der Hinweise zu einzelnen Briefen Nestroys lieferte. Hofrat Univ.-Prof. Dr. Oskar Pausch und DDr. Inge Glaser sei an dieser Stelle ausdrücklich dafür gedankt, dass sie das Typoskript kritisch prüften, sowie Mag. Johann Lehner für seine umsichtige verlegerische Betreuung und sein Entgegenkommen bei den gestalterischen Wünschen des Buches.

1.

EIN NESTROY MIT VIELEN GESICHTERN

Der Weg Herbert Lederers zu Nestroy war, genauso wie jener zum Theater, keineswegs vorgezeichnet, aber wohl auch nicht rein zufällig. Wie die nachfolgende biografische Spurensuche verrät, gab es in seinem Leben immer wieder Berührungspunkte mit Nestroy, die mal stärker, mal schwächer gewesen waren. Die Beziehung zu Nestroy entstand ganz allmählich und ging einher mit Lederers künstlerischer Entwicklung als Schauspieler.

Herbert Lederer wurde am 12. Juni 1926 in Wien geboren und wuchs im Arbeiterbezirk Favoriten auf.[1] Dort erlebte er nach eigener Aussage eine völlig unspektakuläre, dem Milieu entsprechende Kindheit, die von Armut und Bescheidenheit geprägt war. Über die familiäre Sozialisation wurden ihm Bedürfnislosigkeit und Kargheit vermittelt, die sich bei ihm als persönlicher Charakterzug niederschlugen, aber ebenso als künstlerische Form später in seinem Theater wirksam werden sollten. Sein Vater, ein gelernter Kupferschmied, war im 8. Bezirk im Apparate- und Kesselbau beschäftigt und bildete sich nebenher weiter. Als Mitglied der ‚Büchergilde Gutenberg' bezog er Ausgaben klassischer Literatur, darunter Werke von Fjodor M. Dostojewski, Lew N. Tolstoi, Emile Zola oder Jaroslav Hašeks *Die Abenteuer des braven Soldaten Schwejk*.

Die Mutter arbeitete bei einem Ledergroßhändler und war Hausfrau. Sie erzählte und las Geschichten vor genauso wie die Großmutter mütterlicherseits aus dem Waldviertel, die an „Temperament und Ausdrucksvermögen" das Zeug zu einer „Vollblutschauspielerin" hatte: „Ihre geistige Regsamkeit habe ich jedoch immer bestaunt. Ihre Aufrichtigkeit war entwaffnend. Sie konnte jemandem die unangenehmste Wahrheit ins Gesicht sagen, ohne ihn zu verletzen. Sie besaß in höchstem Maße, was man Taktgefühl nennt, und außerdem die köstlichste Gabe des Menschen – Humor."[2] Der Großvater mütterlicherseits brachte sich als Setzer und Buchdrucker durch und versuchte mittels Feierabendarbeit sein Einkommen aufzubessern.

In seinem häuslichen Umfeld durfte Lederer mit Verständnis für seine kreativen Neigungen und Interessen rechnen. Wohl standen auf der einen Seite harter Überlebenskampf und das tägliche existenzielle Ringen, dennoch zeigte man sich auf der anderen Seite aufgeschlossen für schöngeistige Bedürfnisse oder bildungsbürgerliche Werte. Diese besaßen ein gewisses Prestige, denn man wusste um die damit verbundenen Chancen des beruflichen und sozialen Aufstiegs.

Lederer besuchte die Bundesrealschule Wien X in der Jagdgasse 40, die er rückblickend eine „Allerweltsschule" nannte. Das Fach Deutsch lag ihm, aber er

---

1   Vgl. zu diesem Kapitel grundlegend und ausführlich Herbert Lederer: Kindheit in Favoriten, Wien 1975.

2   Herbert Lederer: Theater für *einen* Schauspieler, Wien–München 1973, S. 16.

empfand den Unterricht als mittelmäßig und einseitig. Auch Nestroy gehörte zur Pflichtlektüre, die Posse *Einen Jux will er sich machen* mussten die Schüler mit verteilten Rollen lesen. Nach dem ‚Anschluss' Österreichs im März 1938 wurden aufklärerische, jüdische oder nicht systemkonforme Autoren, wie Heinrich Heine oder Georg Büchner, totgeschwiegen – erst nach dem Krieg, während des Studiums, sollte Lederer diese Schriftsteller entdecken und diese ihm vorenthaltene Bildung nachholen.

Mit dem Theater hatte er in seiner Kindheit und frühen Jugend keinen unmittelbaren Kontakt. Als Zehnjähriger besuchte Herbert Lederer das erste Mal mit dem Verein Theater der Jugend das Deutsche Volkstheater zu einer Aufführung von Friedrich Schillers *Wilhelm Tell* mit Wilhelm Klitsch (1882–1941). Treibende Kraft war damals Lederers Schuldirektor, Hofrat Zwanzger, der 1938 als Jude emigrieren musste. Nach dem Zweiten Weltkrieg sollte er dem Vorstand des ‚Theaters der Jugend' angehören, das am 31. Oktober 1945 seine Aktivitäten erneut aufnahm.[3] Lederer besuchte überdies Auftritte der Favoritner Volksbühne, die bis 1934 im Arbeiterheim agierte. Als Zwölf- und Dreizehnjähriger kam er öfter ins Favoritner Kolosseum, wo die berühmte und weit verzweigte Schauspielerfamilie Löwinger spielte, welche komische Stücke und Sketches aufführte.

Zusammen mit einigen Schulfreunden ging Lederer häufig in die Oper, wo man vom Stehplatz aus den Aufführungen beiwohnte. Deutlich in Erinnerung blieben ihm mehrmalige Besuche von Richard Wagners *Der Ring des Nibelungen* unter Leopold Reichwein (1878–1945) und *Die Meistersinger von Nürnberg* mit Max Lorenz (1902–1975). Im Burgtheater hinterließen Maria Eis (1896–1954) als Sappho in Grillparzers gleichnamigem Trauerspiel und ganz besonders Paul Hörbiger (1894–1981) als Schnoferl in Nestroys Posse *Das Mädl aus der Vorstadt oder Ehrlich währt am längsten* bleibende Eindrücke. Im Deutschen Volkstheater sah Lederer in dieser Zeit Dorothea Neff (1903–1986) als Schillers Jungfrau von Orleans sowie in Lessings *Minna von Barnhelm* Judith Holzmeister (*1920) in der Titelrolle und die blutjunge Inge Konradi (1924–2002) als Franziska.

Daneben gab es zaghafte eigene schauspielerische Versuche, zunächst freilich nicht aus Leidenschaft für das Spiel, sondern eher aus praktischen Gründen. Um Geld für Schikurse zu verdienen, veranstalteten die Schüler Elternabende mit verschiedenen Darbietungen. Bei einer solchen Gelegenheit fiel Herbert Lederer dem Zeichenlehrer auf, der ihn für sein Auftreten als Zirkusclown lobte und offenbar das mimische Talent seines Schülers erkannte. Die Kostüme stammten aus der Leihanstalt von Lambert Hofer in der Margaretenstraße, der Duft von Naphthalin, die Requisiten im Fundus bildeten für den Heranwachsenden eine geheimnisvolle, die Sinne und Fantasie anregende Atmosphäre. Als Fünfzehnjähriger wusste Lederer schließlich, dass er beruflich irgendetwas mit dem Theater machen wollte, weil ihn das fremde Milieu magisch anzog und seine

---

3   Vgl. Jahrbuch der Gesellschaft für Wiener Theaterforschung 3 (1946/47), Wien 1949, S. 177.

aufkeimende komödiantische Einbildungskraft zu beschäftigen begonnen hatte: Wäre das nicht ein Lebensziel? Spielen, Sprechen, Singen, Tanzen, Regieführen? Doch zunächst holte ihn das Kriegsgeschehen ein. Im Februar 1943 musste Lederer als Luftwaffenhelfer einrücken und auf dem Wienerberg Dienst versehen. Im Februar 1944 erhielt er den Einberufungsbefehl zum Reichsarbeitsdienst, drei Monate später wurde er zur Wehrmacht eingezogen. In den letzten Kriegstagen geriet er in US-Gefangenschaft. Aus den Lagern auf den Rheinwiesen bei Bad Kreuznach konnte er unbemerkt fliehen und sich nach Wien durchschlagen.

Dort inskribierte er im Juni 1945 an der Universität das Studium der Theaterwissenschaft und Germanistik. Er beschäftigte sich acht Semester lang mit Theater in Theorie und Praxis, Literatur, Kunstgeschichte sowie Psychologie; zusätzlich nahm er zweieinhalb Jahre lang Schauspielunterricht am Konservatorium, um besser für die Praxis gerüstet zu sein. Beim Sprecherzieher und Lehrer für Stimmbildung am Reinhardt-Seminar, Professor Zdenko Kestranek (1897–1976), erhielt er außerdem privaten Unterricht.

Nach dem Zweiten Weltkrieg, als die Wiener Bühnen wieder ihren Spielbetrieb aufnehmen konnten, besuchte Lederer fast jeden Abend eines der zahlreichen Theater. Dort gab es auch viele Nestroy-Aufführungen zu sehen, mit glänzenden Mimen besetzt. Für einen jungen, angehenden Schauspieler lieferten sie mannigfache Anregungen und bleibende Eindrücke. Im Ronacher, dem Ausweichquartier des von Bomben zerstörten Burgtheaters, traten Hermann Thimig (1890–1982) als Schneider Zwirn und Ferdinand Maierhofer als Knieriem in *Lumpazivagabundus* auf; im Volkstheater Karl Skraup (1898–1958), Hans Putz (1920–1990) und Inge Konradi, die in den eher stiefmütterlich behandelten Frauenrollen in Nestroys Stücken Hervorragendes leistete. In Leon Epps ,Insel' spielten Josef Meinrad (1913–1996) als Herr von Lips und Hugo Gottschlich (1905–1984) als Gluthammer in *Der Zerrissene*.

Das allerstärkste Nestroy-Erlebnis jedoch wurde Herbert Lederer durch Karl Paryla (1905–1996) als Titus Feuerfuchs in *Der Talisman* im Theater in der Josefstadt zuteil. Diese Inszenierung von Franz Pfaundler hatte am 29. Oktober 1946 Premiere. „Zum Auftrittscouplet des Titus Feuerfuchs kam er auf die Bühne gesprungen", berichtet Otto Schenk über diesen Abend. „Von dieser Sekunde an stand die Bühne in Feuer."[4] Lederer fesselte dieses Lied, in dem Titus seinen Unmut angesichts der Vorurteile über Menschen mit roten Haaren auslässt:

„Mir soll einer trau'n,
Der wird sich verschau'n,
Auf Ehr', dem geht's schlecht,
Den[n] i beutl'n recht.
Der Cakadu is verlorn,
Wenn ich in mein Zorn

---

4   Otto Schenk im Vorwort zu Evelyn Deutsch-Schreiner: Karl Paryla. Ein Unbeherrschter, Salzburg 1992, S. 7 f., hier S. 7.

Über d' Haar ein' kumm',
Der geht glatzkopfet um. [...]" (HKA, Stücke 17/I, I,5)

An Paryla beeindruckte Lederer jener Sarkasmus, den dieser in seinen Rollen sichtbar werden ließ, das Bohrende, darüber hinaus die Genauigkeit und Strenge, die ein Höchstmaß an Leistung abforderten. „Ein Erzkomödiant, in allen Nerven vibrierend, Homo ludens. Das Spiel ist sein ureigenstes Element, daher ist ihm das Lampenfieber fremd. [...] Als junger Schauspielschüler hatte ich mich mit ein paar Bühnenarbeitern des Volkstheaters angefreundet. Sie schmuggelten mich während der Vorstellungen auf den Schnürboden. Von oben sah ich dutzendemale Paryla im *Barometermacher* und in Ostrowskijs [*Ein*] *Junger Mann macht Karriere*. Ich sah ihn auch vor und nach seinen Auftritten, wenn er für das Publikum unsichtbar war. Welcher Einsatz, welches Temperament, welche explosive Spielleidenschaft!"[5]

Als am 16. September 1948 eine Sozietät von Schauspielern das Neue Theater in der Scala im einstigen Johann-Strauß-Theater eröffnete, spielte Paryla den Wendelin in Nestroys politischer Posse *Höllenangst*. Diese von den sowjetischen Besatzern und der KPÖ geförderte Bühne, die „sich als demokratisches Genossenschaftstheater"[6] betrachtete, setzte bis zu ihrer Schließung 1956 pro Jahr wenigstens eine Nestroy-Inszenierung an.[7]

1951 besuchte Lederer die Scala, um Paryla im *Zerrissenen* (Premiere: 18. Mai) zu sehen. In dieser Inszenierung Friedrich Neubauers bot Paryla als Herr von Lips einen beinharten Nestroy.[8] Lederer faszinierte die Galligkeit, mit der Paryla den Lebensekel dieses Kapitalisten ausdrückte. Das unterschied sich grundlegend von dem, wie etwa Josef Meinrad Nestroy interpretierte oder auch Hans Putz, der in seinem Spiel stets etwas Verbindliches entfaltete. In Paryla, dessen Nestroy-Verständnis maßgeblich von Karl Kraus beeinflusst war,[9] und im Spielstil an der Scala, den Paryla hauptsächlich mit seinem Bruder Emil Stöhr (1907–1997) ausbildete, wobei sie ihre Erfahrungen aus den „Leopold-Lindtberg-Inszenierungen im Exil am Zürcher Schauspielhaus"[10] einbringen konnten, fand Lederer ein wesentliches Vorbild für seine eigene Arbeit auf der Bühne.

---

5   Lederer, Theater für *einen* Schauspieler, S. 138. Die Premieren dieser Aufführungen waren am 1. März 1946 (Inszenierung: Günther Haenel, Paryla als Quecksilber) bzw. am 27. Februar 1947 (Inszenierung: Friedrich Neubauer, Paryla als Glumow); vgl. Deutsch-Schreiner: Karl Paryla, S. 183.

6   Wolfgang Greisenegger: Das Theaterleben nach 1945, in: Literatur der Nachkriegszeit und der fünfziger Jahre in Österreich, hrsg. von Friedbert Aspetsberger, Norbert Frei und Hubert Lengauer (= Schriften des Instituts für Österreichkunde 44–45), Wien 1984, S. 223–240, hier S. 232.

7   Angeführt sind diese Stücke bei Deutsch-Schreiner: Karl Paryla, S. 96 sowie im Anhang, S. 171–198.

8   Vgl. Evelyn Deutsch-Schreiner: Theater im „Wiederaufbau". Zur Kulturpolitik im österreichischen Parteien- und Verbändestaat, Wien 2001, S. 164.

9   Deutsch-Schreiner, Karl Paryla, S. 15.

10   Deutsch-Schreiner, Theater im „Wiederaufbau", S. 162 und 151.

Parylas Nestroy-Interpretation stand diametral zu jener damals in Wien üblichen Auffassung. Im Unterschied zur Scala pflegten das Burgtheater, aber ebenso Aufführungen der Festwochen einen recht betulichen Nestroy, der mit verspielten Kostümen und reicher Kulissenausstattung als Augenschmaus arrangiert wurde. Auf der Bühne entfalteten sich Idyllen, mit denen Nestroy gleichsam entwaffnet wurde, weil seine satirische Schärfe hinter dem kaschierenden Biedermeierkolorit verschwand und sich seine Kritik an gesellschaftlichen Missständen oder sozialen Verhältnissen den Harmonisierungstendenzen beugte. Zur amüsanten Unterhaltung verflacht, konnte man diesen Stücken gefahrlos begegnen, denn die satirische Munition war vorsorglich entschärft worden. Auch diese Seite der Nestroy-Rezeption lernte Herbert Lederer kennen, etwa bei den Wiener Festwochen 1951, als im Akademietheater *Zu ebener Erde und erster Stock* in der Regie von Oscar Fritz Schuh (1904–1984) aufgeführt wurde. Die Bearbeitung verantwortete Hans Weigel (1908–1991), an der sich massive Kritik entzündete. Er „habe, wie es in der *Arbeiter-Zeitung* heißt, dem Satiriker die Zähne ausgebrochen. Das Salz der Erkenntnis sei im Munde der Publikumslieblinge Hermann Thimig, Josef Meinrad, Richard Eybner, Gusti Wolf und Lilly Stepanek verzuckert worden. Weigel habe Nestroy konserviert, Halbtotes mit Halblebendigem verbunden. ‚Kann Nestroy nicht mehr ganz auf eigenen Füßen stehen, im Heute?'"[11]

Auch Leopold Rudolf (1911–1978) im Theater in der Josefstadt hinterließ als Nestroy-Darsteller für Lederer prägende Eindrücke. 1955 spielte er den Arthur in *Umsonst* unter der Regie von Otto Schenk, 1967 in der Inszenierung von Heinrich Schnitzler (1902–1982) den Herrn von Lips in *Der Zerrissene*. „Ein Schauspieler, überquellend von darstellerischen Einfällen", sagt Herbert Lederer, „die manchmal auch in komischen Rollen bis ins Dämonische reichen konnten."

1948 legte Lederer die Schauspielerprüfung ab und promovierte im November. Seine künstlerische Laufbahn begann in der Provinz und nicht, wie bei vielen seiner Kollegen, darunter Kurt Jaggberg oder Julius Swoboda, in den Kellertheatern oder an den Studentenbühnen Wiens. Das erste Engagement führte ihn im Dezember desselben Jahres ans Stadttheater von Sankt Pölten. Zwei Jahre lang arbeitete er dort als Regieassistent, Regisseur, Inspizient für Opernaufführungen, Dramaturg und Schauspieler. Man wies ihm Rollen zu, die Lederer rückblickend als „Fingerübungen" betrachtete, welche ihm zwar das nötige Rüstzeug, die Praxis und Routine brachten, aber künstlerisch für ihn unbedeutend waren, und ließ ihn auch in zwei Stücken Nestroys mitwirken: in der Posse *Einen Jux will er sich machen* und in *Das Mädl aus der Vorstadt*. Zwölf Jahre sollte es noch dauern, bis Lederer sein erstes Nestroy-Programm zusammenstellte.

---

11 Vgl. Gert Kerschbaumer: Wiener Festwochen zwischen Restauration und Weltgeltungsanspruch, in: Zeit der Befreiung. Wiener Theater nach 1945, hrsg. von Hilde Haider-Pregler und Peter Roessler, Wien 1998, S. 300–328, hier S. 307.

1950 ging Lederer in die Bundesrepublik Deutschland, wo er in Frankfurt am Main auf Erich Pabst traf, der gerade den Typ des jugendlichen Komikers suchte. Lederer sprach ihm als Leon aus Grillparzers *Weh dem der lügt* vor und erhielt eine Zusage für das Theater in Osnabrück. Pabst erwies sich hierbei als ein mitunter recht ungeduldiger Regisseur, der besonders gerne William Shakespeare auf den Plan setzte und Lederer mit vielen Rollen beschäftigte: „In einer einzigen Saison ließ er mich – man beachte! – den buckligen Schneider in [Gerhart Hauptmanns] *Hanneles Himmelfahrt* (im Bühnensprachgebrauch eine komische Charge), den Krieger Thomas in Christopher Frys *Die Dame ist nicht fürs Feuer* (erster Held), den Ritter Jaromir von Greifenstein in der *Gold'nen Meisterin* (Operettenbuffo) und den Verräter Louis Creveaux in Zuckmayers *Gesang im Feuerofen* (jugendlicher Charakterspieler) neben vielem anderen spielen. [...] Aber ganz sicher hat sein Einfluß den hohen Anspruch geprägt, den ich an die Schauspielkunst und an mich selber stelle."[12]

1953 kehrte Lederer nach Wien zurück, wo sich inzwischen eine vielfältige Kleintheater-Szene entwickelt hatte. Diesen experimentierfreudigen, mitunter recht kurzlebigen „Theatern der 49" (nach der Anzahl der erlaubten Zuschauerplätze) fiel nach dem Zweiten Weltkrieg in Wien die Aufgabe zu, Autoren auf den Spielplan zu setzen, die zuvor als verpönt gegolten hatten und von den Nationalsozialisten verboten worden waren, sowie Bühnenschriftsteller wieder zu entdecken oder neu zu bewerten. Künstlerische Entwicklungen, von denen man bislang abgeschnitten war, mussten nachgeholt, literarische Strömungen und Trends mit einiger Verspätung erst vollzogen werden. Dazu gehörten Expressionismus und Existenzialismus sowie die moderne französische und amerikanische Literatur, die in Wien zögerlich Fuß fassten. Man wählte Stücke aus, die ein subversives Image, jugendliche Aufsässigkeit und intellektuelle Revolte signalisierten. Dass die Avantgarde teilweise ein geringes Interesse für Nestroy verspürte, hing wohl auch damit zusammen, dass dieser ohnehin fest etabliert war und seine Stücke zumindest in Wien zum Standardrepertoire der Bühnen zählten. Nestroy – wenigstens in der vorherrschenden Ausprägung – wurde von der jungen Theatergeneration als antiquiert empfunden. Gleichzeitig jedoch setzten die kleinen Bühnen aus wirtschaftlichen Überlegungen gerade Werke arrivierter Autoren auf den Spielplan – wie Nestroy, der in Wien als Bühnenklassiker Zugkraft besaß, wovon man sich deshalb pekuniäre Vorteile versprach. Das ,Studio der Hochschulen' etwa spielte allein im Gründungsjahr 1945 sechs Stücke Nestroys und wagte sich zwei Jahre später an *Freiheit in Krähwinkel*. Helmut Qualtinger richtete für Alfred Bednars ,Kleine Bühne' in der Diefenbachgasse 1946 *Einen Jux will er sich machen* mit Liedtexten von Kurt Nachmann und Rudolf Weys ein,[13] während das Ende 1951 gegründete ,Theater

---

12 Lederer, Im Alleingang, S. 36.
13 Arnold Klaffenböck: „.... es ist eine Art Wahlverwandtschaft ..." Helmut Qualtinger und Johann Nestroy. Eine Spurensuche zu Helmut Qualtingers 75. Geburtstag am 8. Oktober 2003, in: Nestroyana 24 (2004), S. 62–77, hier S. 64.

am Parkring' *Frühere Verhältnisse* (1955) sowie *Eisenbahnheiraten oder Wien, Neustadt, Brünn* (1956) inszenierte.[14] Obwohl Nestroy also für die Regisseure und Akteure der kleinen Bühnen durchaus ein „Anliegen"[15] darstellte und diese zweifellos ihren Beitrag zur Bewertung Nestroys als progressiven, modernen Bühnenautor leisteten, war es vor allem Karl Paryla, der einen innovativen Zugang zu Nestroy fand und in seinen Inszenierungen immer wieder die zeitlose Brisanz und satirische Kraft, die den Stücken innewohnen, sinnfällig machte. Während die Rezeption im Bereich der Forschung und Literaturgeschichtsschreibung ihre Sicht auf Nestroy nach 1945 grundlegend revidierte, hielt sie in der Praxis des Theaters, von Ausnahmen abgesehen, an der herkömmlichen Sichtweise fest und präsentierte weiterhin oftmals „einen verharmlosten, entpolitisierten, biedermeierlich-verkitschten Nestroy".[16] Zudem unterblieb weitgehend Nestroys dringend gebotene Rehabilitierung nach dessen teilweiser Vereinnahmung durch die politische Agitation seit der Jahrhundertwende,[17] in der Ersten Republik, im Ständestaat 1934–1938[18] und während des Nationalsozialismus, wo er, beispielsweise durch Aufführungen seiner Stücke durch „Spielscharen" der Hitlerjugend, die unter dem Einfluss des Verbandes ‚Kraft durch Freude' gestanden waren,[19] ideologisch kompromittiert worden war. Allerdings setzte sich die Instrumentalisierung Nestroys nach dem Zweiten Weltkrieg fort, als man auch ihn für den „geistigen Wiederaufbau"[20] heranzog, mit seinen Stücken dem konservativen Klima der damaligen Kulturpolitik entsprechend verfuhr oder ihn gar als Sprachrohr des Kalten Krieges benützte.[21]

Herbert Lederer, dessen Karriere nicht auf dem beruflichen Sprungbrett eines Kellertheaters begonnen hatte, spielte im ‚Kaleidoskop', das ein Gastspiel an das Berliner Hebbel-Theater führte und dort einen Publikumserfolg verbuchen konn-

---

14 Vgl. Herbert Lederer: Bevor alles verweht ... Wiener Kellertheater 1945 bis 1960, Wien 1986, S. 99–115, hier S. 111 f.

15 Oskar Maurus Fontana: Die Wiener Grillparzer-, Raimund- und Nestroy-Neuaufführungen seit 1945, in: Maske und Kothurn 8 (1962), S. 132–141, hier S. 141.

16 Jürgen Hein: Aspekte und Ergebnisse der Nestroy-Forschung nach 1945, in: Die Welt ist die wahre Schule ... Beiträge und Materialien zu Nestroy im Deutschunterricht, hrsg. von Ulrike Tanzer (= Quodlibet 1), Wien 1998, S. 7–16, hier S. 7; vgl. auch Wendelin Schmidt-Dengler: Nestroy. Die Launen des Glückes, Wien 2001, bes. S. 23 f.

17 Vgl. Eckart Früh: Nestroy im Klassenkampf. Aus der Geschichte seine politischen Vereinnahmung, in: Nestroyana 20 (2000), S. 33–50.

18 Vgl. Kerschbaumer, Wiener Festwochen zwischen Restauration und Weltgeltungsanspruch, S. 302.

19 Evelyn Schreiner: Nationalsozialistische Kulturpolitik in Wien 1938–1945 unter spezieller Berücksichtigung der Wiener Theaterszene, Diss. (masch.), Wien 1980, S. 283; grundsätzlich Walter Obermaier: Nestroyaufführungen in Wien 1938–1945, in: Nestroyana 7 (1987), S. 52–64.

20 Greisenegger, Das Theaterleben nach 1945, S. 227.

21 Vgl. Evelyn Deutsch-Schreiner: Der verhinderte Satiriker. Nestroy im Wiederaufbau, in: Nestroyana 14 (1994), S. 104–124; Arnold Klaffenböck: Nestroy im ‚Kalten Krieg'. *Das Haus der Temperamente* in der Bearbeitung von Merz/Qualtinger, in: Nestroyana 25 (2005), S. 126–143.

te. Bertolt Brecht (1898–1956) und seine Frau Helene Weigel (1900–1971) hatten die Aufführung gesehen und luden Lederer zu sich ins Theater am Schiffbauerdamm ein. Er sollte sich dem Ensemble anschließen, aber die Verhandlungen verliefen ergebnislos.

Stattdessen beschloss Lederer im August 1956 für ein Jahr nach Weimar zu gehen. Seine Dissertation hatte er über das Schauspielsystem bei Konstantin Stanislawskij (eigentlich Konstantin Alexejew, 1863–1938) verfasst, der im Westen großteils unbeachtet blieb, anders als im Osten, wo das System Stanislawskijs unter dem Schauspieler, Theaterleiter und Regisseur Maxim Vallentin (1904–1987) praktiziert wurde. Vallentin, der zwischen 1933 und 1945 in der UdSSR gewesen war, hatte 1947 in Weimar das Deutsche Theaterinstitut gegründet, 1952 die Intendanz des Berliner Maxim-Gorki-Theaters übernommen und ein Buch über Stanislawskij geschrieben. Lederer sollte im Theater Vallentins, das sich im Weimarer Schloss Belvedere befand, spielen, doch er kam zu spät: Vallentin war mittlerweile nach Berlin gewechselt.

Lederer übernahm daher am Weimarer Nationaltheater kleinere Rollen, etwa in Schillers *Wilhelm Tell* oder Goethes Einakter *Die Laune des Verliebten*, außerdem im selten gespielten Dreiakter *Jegor Bulytschow und die anderen* von Maxim Gorki, einem Stück, das erst im Mai 1946 an den Städtischen Bühnen Gera die deutschsprachige Uraufführung erfahren hatte.

Im Jänner 1957 besuchte Lederer im Rahmen der Aktion „Schauspieler aus der Provinz" Ost-Berlin. Er sah am Schiffbauerdamm u. a. Brechts *Kaukasischen Kreidekreis* und *Mutter Courage und ihre Kinder* sowie an der Volksbühne Otto Tausigs (*1922) Inszenierung von Goldonis *Der Diener zweier Herren*.

Von der Lehre Stanislawskijs bekam Lederer während des Aufenthalts in Weimar nicht viel mit, denn diese wurde, wie sich herausstellte, als zu kompliziert eingestuft und deswegen kaum umgesetzt. Darum kehrte Lederer im Laufe des Jahres 1957 wieder nach Wien zurück.

Dort hatte sich währenddessen das absurde Theater etabliert. Lederer spielte einmal im ‚Kaleidoskop' in zwei Einaktern von Eugène Ionesco (1909–1994). Zwei Angebote des Regisseurs Josef Glücksmann für das Burgtheater, das Ernst Haeusserman (1916–1984) leitete, schlug Lederer aus, weil er dort nicht seinen Platz sah. Ihm schwebte hingegen eine andere Art Theater vor, ohne Hierarchien und künstlerische Bevormundung; er wollte einem Spielbetrieb entgehen, der in Konvention und Tradition zu ersticken drohte. Nachdem mehrere Versuche, ein Ensemble zu gründen, an bürokratischen Hürden und ungelösten Detailfragen gescheitert waren, entschloss er sich dazu, künstlerischer Single zu werden. Er begann Stücke für Soloaufführungen zu suchen, adaptierte sie seinen Vorstellungen entsprechend und stellte sie ohne fremde Hilfe auf die Bühne – mit Erfolg.

„Er ist sich selbst Ensemble genug", lautete ein Kommentar zu Herbert Lederers Entscheidung, „[s]ein eigener Dramaturg, Regisseur und Partner zu sein, die ganze Verantwortung allein zu tragen, sich auf niemand anderen herausreden zu können: das ist wohl das denkbar Reifste und Anspruchsvollste an szenischer Kunst überhaupt."[22]

Die Presse sprach, was funktional und technisch gesehen gar nicht so abwegig sein dürfte, vom „Ein-Mann-Theater". Lederer wies diese „Klassifizierung" freilich zurück, weil er darin den Versuch erkannte, in eine mediale Schublade eingeordnet zu werden.[23]

Der ursprüngliche Plan, seine erste Produktion mit dem ‚Theater der Jugend' zu realisieren, zerschlug sich. Zufällig suchte aber Wilhelm Paul Wondruschka für das ‚Kaleidoskop' am Naschmarkt einen Lückenbüßer. Am 25. Februar 1960 reüssierte Lederer mit *Meier Helmbrecht*, der unter dem Eindruck der damaligen „Halbstarken"-Problematik modern und attraktiv wirkte. Gleichzeitig stellte seine Bearbeitung ein Stück dar, das man als paradigmatisch für Lederers Verständnis von Theater bezeichnen könnte. „Hier waren alle Kriterien vereint, die für mein Vorhaben notwendig waren. Der Stoff war literarisch bedeutend, in der Handlung linear und überschaubar, von einer eindeutigen Aussage getragen. Vor allem war er trotz seiner siebenhundert Jahre aktuell und heutig."[24] Hinzu kam der Umstand, dass der Autor seine Erzählung „psychologisch meisterhaft gestaltet und motiviert" hatte sowie in der von Lederer bewerkstelligten Umsetzung „kulturhistorisch ein buntes, lebendiges Bild ihrer Entstehungszeit" vermittelte.

Die Aufführung in Bänkelsänger-Manier war zunächst als Experiment gedacht. Dass Lederer damit anhaltenden Erfolg haben und schließlich selber zu einer kleinen Wiener Institution werden sollte, konnte er damals nicht absehen. „Ich betrachte diese Entscheidung nicht als eine Flucht, sondern als einen höchstpersönlichen Weg, den ich für mich selbst gefunden habe", erklärte er seinen Ansatz. „Keine Patentlösung. Kein Generalrezept. [...] Es gibt tausend Arten, Theater zu machen. Dies ist eine davon – nicht mehr und nicht weniger. Allerdings eine sehr abenteuerliche."[25]

Verwundert und ein bisschen ratlos, aber keineswegs unfreundlich nahm die Kritik das Debut im ‚Kaleidoskop' wahr – es sollte nicht das letzte Mal sein, dass Lederer „mutwillig aus den Schienen"[26] sprang und seine Haken in der heimischen Theaterwelt schlug. Die Weichen waren gestellt. Auf Wernher der Gartenaere folgte Ernest Hemingways *Der alte Mann und das Meer*, auf Hemingway *Till Eulenspiegel* nach der Volksbuchausgabe vom Beginn des 16. Jahrhunderts. Lederers Experimente auf der Bühne wurden vom Publikum angenommen. Allmählich entwickelte sich daraus eine eigene und unverwechselbare Linie. In diesen Programmen trug Lederer Erfahrungen zusammen, die er jetzt, Anfang der sechziger Jahre, für Nestroy nutzen konnte.

---

22 Rudolf U[we] Klaus: Proteus, wie ich ihn sehe, in: Theater für *einen* Schauspieler, S. 103 f., hier S. 103.
23 Vgl. Lederer, Im Alleingang, S. 28.
24 Im Folgenden Lederer, Im Alleingang, S. 16 f.
25 Lederer, Im Alleingang, S. 12.
26 Lederer, im Alleingang, S. 23.

2.
... DOCH NICHT UMSONST!

Am 25. Mai 1862 starb Johann Nestroy an den Folgen eines Schlaganfalls. Er stand im 61. Lebensjahr. In den vorhergehenden fünf Monaten hatte er noch drei neue Rollen einstudiert, darunter zwei aus seinen eigenen Stücken, die im Wiener Kai-Theater uraufgeführt wurden: am 7. Jänner *Frühere Verhältnisse*, in denen Nestroy den Hausknecht Anton Muffl mimte, und am 1. Februar die „indianische Faschings-Burleske" *Häuptling Abendwind oder Das gräuliche Festmahl*, wo er die Titel spendende Hauptfigur verkörperte. Als Knieriem in *Der böse Geist Lumpazivagabundus oder Das liederliche Kleeblatt* war Nestroy Anfang März das letzte Mal vor seinem Wiener Publikum aufgetreten, ehe er nach Graz wechselte, um dort eine Wohltätigkeitsvorstellung für den ‚Frauen-Verein aller christlichen Confessionen' zu geben. Der Spielplan des Landständischen Theaters kündigte für den 29. April *Die schlimmen Buben in der Schule* mit Nestroy in der köstlichen Rolle des aufsässigen und querdenkenden Schülers Willibald an. Nach einem Zwischenstück eines anderen Autors beschloss den Abend die Posse *Umsonst*, in der Nestroy als gealterter Schauspieler Pitzl agierte, dem die Kündigung droht, falls ihm nicht bei der nächsten Vorstellung ein Erfolg beschieden ist. Es sollte Nestroys letzter Bühnenauftritt werden, noch dazu in einem Stück, von dem der Biograf Moritz Necker (1857–1915) behauptet, es käme ihm nachträglich „keine andere besondere Bedeutung" zu außer jener, „daß sich an sie die Erinnerung des letzten Wortes knüpfte, das Nestroy von der Bühne herab sprach: ‚Alles umsonst!'"[27]

Lässt man ein wenig seine Fantasie spielen und gibt der Imagination freien Lauf, taucht ein eindrückliches Bild auf: Nestroy, der als Schauspieler, Bühnenautor, Bearbeiter und Direktor des Carltheaters in der Leopoldstadt Höhen und Tiefen innerhalb seiner vier Jahrzehnte während den Berufslaufbahn durchmessen hat, steht im Kostüm eines Mimen vor seinem Publikum, ohne zu wissen, dass es sein letzter öffentlicher Auftritt überhaupt sein sollte – auf den Brettern, die für viele die Welt bedeuten, aber auch auf der Bühne, die Leben heißt. Unter dem Eindruck dieser letzten Worte vor seinem Publikum konnte jener Auftritt posthum und retrospektiv zum effektvollen Abgang stilisiert werden, bedeutungsvoll überhöht durch die vermeintliche Prophetie Nestroys, der sein späteres Schicksal und den sorglosen Umgang mit seinem Werk durch die Nachwelt vorausgeahnt hätte. Nestroy hinterließ offenbar eine düstere Botschaft, gesprochen aus bitterer Erkenntnis, die nachträglich als Quintessenz (s)eines Theater-

27 Moritz Necker: Johann Nestroy. Eine biographisch-kritische Skizze, in: Johann Nestroy's gesammelte Werke, hrsg. von Vincenz Chiavacci und Ludwig Ganghofer, Bd. 12, Stuttgart 1891, S. 93–218, hier S. 194.

lebens interpretiert wurde – alles umsonst! Handelte es sich tatsächlich um ein Eingeständnis des Scheiterns und um weise Voraussicht? Sprach hier ein müde gewordener Schauspieler, der die Menschen sattsam kannte, der sie bis zum Überdruss durchschaut sowie deren Schattenseiten und charakterliche Abgründe ungezählte Male aufgedeckt hatte, ohne etwas entscheidend ändern oder nachhaltig verbessern zu können?

Herbert Lederer, der den Titel seiner ersten Nestroy-Produktion von dieser Überlieferung ableitete, zweifelte jedenfalls nicht an der Symbolhaftigkeit jener Worte. Vielmehr sah er darin eine Bestätigung seiner Sicht von Nestroy. „Ich kann es nicht glauben", schreibt er für das Programmheft, „daß dies bei einem so skeptischen Geist wie Nestroy ein Zufall[28] gewesen sein soll. Nein, am Ende einer glänzenden vierzigjährigen Theaterlaufbahn war es seine feste Überzeugung, daß all sein Wirken vergebens gewesen war."

Ruft man sich den genauen Wortlaut der Schlusspassage des Stückes ins Gedächtnis, wird aber deutlich, dass dieser an sich gar nicht so negativ oder gar abgründig zu sehen ist, wie es wiederholt kolportiert wurde.

> FINSTER. Jetzt waren meine energischen Maßregeln –
> PITZL. Umsonst.
> ARTHUR (*zu* FINSTER). Trösten Sie sich, auch meine schlauen Pläne waren –
> PITZL. Umsonst.
> SAUERFASS. Meine Hoffnungen auf einen noblen Schwiegersohn –
> PITZL. Umsonst! Mit einem Wort: Die Liebenden haben sich, alles übrige rein umsonst!"
>
> (HKA Stücke 35, III,34)

Beim Vergleich fällt auf, dass die Überlieferung den originären Kontext, in dem die Worte eigentlich stehen beziehungsweise für den sie gedacht waren, unberücksichtigt lässt. Dies ist aber für die definitive Bedeutung ausschlaggebend, da diese im ursprünglichen Zusammenhang sehr eingegrenzt und dort geradezu unspektakulär wirkt: Geknüpfte Liebesbande, die zerrissen werden sollten, haben sich erfolgreich gegen Intrigen und Sanktionen bewährt; alle Versuche, andere Lösungen zwanghaft und gewaltsam herbeizuführen, müssen scheitern, und damit die materiellen und pekuniären Interessen der Gegenspieler. Die Liebe trägt den Sieg davon, alle übrigen Bestrebungen hingegen versagen kläglich – alles umsonst!

Noch ein Umstand fällt ins Gewicht: Johann Nestroy war in eine bestimmte Rolle – in die Pitzls – geschlüpft. Streng genommen sprach daher nicht Nestroy selbst, sondern eine Bühnenfigur, die von ihm verkörpert wurde, der er lediglich seine Stimme und seinen Körper lieh. Die Worte spiegeln daher nicht unbedingt

---

28   Vgl. dazu die Einführung von Peter Branscombe in HKA Stücke 35: Umsonst, Wien 1998, S. 1–3, hier S. 1.

seine persönliche Meinung wider, sondern vielmehr jene des von ihm geschaffenen und mit Leben erfüllten Protagonisten. Die Gleichsetzung oder genauer: die Verwechslung des Gestalters mit dem Gestalteten hat vermutlich die verzerrte und vor allem tragische Sicht begünstigt.

Losgelöst aus dem Kontext und mit Blick auf den gleich lautenden Titel des Stücks konnte sich „Umsonst" als Chiffre verselbstständigen, die man als prägnant formulierte Lebensbilanz Nestroys deutete und mit seiner charakterlichen Veranlagung identisch glaubte. Die Entnahme aus dem einstigen Zusammenhang, die Reduzierung und simplifizierende Übertragung der Äußerung einer fiktiven Figur auf Nestroy war letztlich nichts anderes als eine Funktionalisierung mit dem Zweck der Mythenbildung. Vom Prinzip her geschah hier ganz Ähnliches wie bei *Weder Lorbeerbaum noch Bettelstab*, wo man die Worte des Dichters Leicht immer wieder als das künstlerische Credo Nestroys auslegte.[29] In beiden Fällen schrieb man Nestroy auf Äußerungen fest, die aus seinen Stücken stammen und die geeignet schienen, ihm legendäre Züge zu verleihen, freilich zu Lasten von Authentizität und Objektivität. In diesem Licht besehen, bliebe wirklich nur der (ver-)zweifelnde Pessimist und satirische Schwarzmaler, dessen künstlerisches, aufklärerisches und pädagogisches Bemühen zwecklos gewesen sei.

Dass doch nicht alles vergebliche Liebesmüh gewesen war, zeigte sich 1962, hundert Jahre nach Nestroys Tod. Wien feierte Nestroy, der inzwischen einen festen Platz im kulturellen Gedächtnis dieser Stadt einnahm und dessen Burgtheaterwürde, anders als noch zu Zeiten von Karl Kraus (1874–1936), längst außer Frage stand.[30] Inzwischen waren seine Stücke Allgemeingut und gehörten zum theaterliterarischen Kanon. Zumindest in Österreich – und hier vornehmlich in Wien – wurde Nestroy regelmäßig gespielt, womit eine prinzipielle Forderung von Kraus erfüllt schien, der dafür plädiert hatte, Nestroy besser durch ein lebendes Denkmal zu ehren, indem man seine Stücke aufführt, als durch ein Monument aus Stein oder Erz.[31] Ungeachtet dessen differierten die Vorstellungen darüber, wie Nestroy adäquat umgesetzt werden sollte, auch wenn es Versuche gab, einen verbindlichen „Wiener Nestroy-Stil"[32] zu entwickeln (oder manche

---

29 Vgl. Karl Kraus: Nestroy-Feier, in: Die Fackel 351–353 (21. Juni 1912), S. 28–47, hier S. 29; Friedrich Sengle: Johann Nestroy, in: ders.: Biedermeierzeit. Deutsche Literatur im Spannungsfeld zwischen Restauration und Revolution 1815–1848, Bd. III: Die Dichter, Stuttgart 1980, S. 191–264, hier S. 196 und 220; Friedrich Walla: Einführung in HKA Stücke 8/II: Weder Lorbeerbaum noch Bettelstab, Wien 1998, S. 15 f.

30 Vgl. Karl Kraus: Die Fackel 75 (Ende April 1901), S. 22; Nestroy und das Burgtheater, in: Die Fackel 676–678 (Januar 1925), S. 1–40.

31 Vgl. Karl Kraus: Von den momentanen Blamagen, in: Die Fackel 668–675 (Dezember 1924), S. 146. Zur Debatte um ein Wiener Nestroy-Denkmal siehe auch Die Fackel 351–353 (21. Juni 1912), S. 32; Die Fackel 781–786 (Anfang Juni 1928), S. 48; Die Fackel 811–819 (Anfang August 1929), S. 103; Die Fackel 909–911 (Ende Mai 1935), S. 41–43.

32 Evelyn Deutsch-Schreiner: Österreichische Bühnentradition und modernes Volks-

ihn sogar schon verwirklicht sahen[33]), um der Verniedlichung oder Verulkung
Nestroys entgegenzuwirken, wie das an der Scala und später am Volkstheater
ernsthaft versucht wurde.

Den 100. Todestag Nestroys begleiteten mehrere Veranstaltungen und Inszenierungen von Stücken in den Wiener Theatern. Am 26. Februar 1962 lud
das Wiener Konzerthaus im Mozart-Saal zum Programm *Das is klassisch* ein,
bei dem Richard Eybner Monologe, Aphorismen sowie Couplets in einer Auswahl
und Bearbeitung von Oscar Deleglise zu Gehör brachte. Offiziell gedachte man
Nestroys mit einer Ausstellung im Historischen Museum der Stadt Wien am
Karlsplatz, eine weitere Schau richtete die Akademie der bildenden Künste aus.
Besonders nahmen sich die Wiener Festwochen des Jubilars an. Leopold Lindtberg inszenierte für das Burgtheater *Das Mädl aus der Vorstadt*, welches mit
Josef Meinrad im renovierten Theater an der Wien zu erleben war; das Theater
in der Josefstadt bot *Die verhängnisvolle Faschingsnacht*, bearbeitet von Kurt
Nachmann und Hans Weigel in einer Einstudierung von Heinrich Schnitzler.
Gandolf Buschbeck setzte die Parodie *Nagerl und Handschuh oder Die Schicksale
der Familie Maxenpfutsch* in Szene, welche als Produktion der Bezirksfestwochen
an wechselnden Spielorten aufgeführt wurde. Die Bearbeitung lag in den Händen
von Alfred Böhm (1920–1995), es spielten unter anderen Oskar Wegrostek, Hilde
Sochor, Harry Fuss und Helly Servi. Auch die Jugend sollte für Nestroy gewonnen
werden. Die Zentralsparkasse der Gemeinde Wien ermöglichte in einer Aktion
10.000 Hauptschülern den Besuch von 20 Aufführungen von *Der böse Geist
Lumpazivagabundus*, in denen Schauspieler des Burgtheaters auftraten. Das
liederliche Kleeblatt bestritten Wolfgang Gasser als Leim, Michael Janisch und
Erich Auer alternierend als Knieriem sowie Fritz Lehmann als Zwirn.[34]

Das Publikum konnte aus der Fülle des Angebots wählen. Aber welche
Möglichkeiten gab es für einen Schauspieler wie Herbert Lederer, der nach seinem
persönlichen Weg, Theater zu spielen, suchte und dabei seine Unabhängigkeit
sowie künstlerische Freiheit bewahren wollte? Für jemanden, der sparsam mit
finanziellen Mitteln umgehen und den materiellen Aufwand niedrig halten, alles
auf eigenes Risiko betreiben musste? Inwieweit waren Nestroys Stücke für einen
Einzeldarsteller praktikabel und ließen sich mit den eigenen Vorstellungen vom
Theater vereinbaren? Wie sollte ein Newcomer, der keine Subventionen oder
feste Gage erhielt, mit den gut dotierten Aufführungen der großen Bühnen in
Wien konkurrieren? Zudem musste man Alternativen und Innovatives bieten,
um sich aus der Vielzahl der Veranstaltungen des eingeführten Theaterbetriebs
abzuheben und das öffentliche Interesse auf sich zu lenken.

1961 begannen die ersten Überlegungen zu seiner bislang vierten Produk-

---

     stück: Ein theaterwissenschaftlicher Beitrag zu den Voraussetzungen der Volksstück-
     bewegung, in: Modern Austrian Literature 28 (1995), H. 1, S. 75–93, hier S. 85.

33   Vgl. Fontana, Die Wiener Grillparzer-, Raimund- und Nestroy-Neuaufführungen seit
     1945, S. 141.

34   Vgl. Rathaus-Korrespondenz, 11. 1. 1962.

tion. Ein Nestroy von eigenem Zuschnitt war nötig, um ihn überhaupt realisieren zu können. Eine Leseaufführung, ähnlich wie es Karl Kraus in seinem ‚Theater der Dichtung' oder später auch Helmut Qualtinger (1928–1986) wagten, beabsichtigte Lederer nicht. Nestroys Stücke vorzutragen oder zusammen mit Partnern in verteilten Rollen zu rezitieren, wäre möglich gewesen. Aber Nestroy zu spielen – allein? Eine reizvolle Herausforderung, aber wie konnte das zu bewerkstelligen sein? Die Antwort dafür musste Herbert Lederer in den Stücken Nestroys finden. Anhand der Texte würde zu entscheiden sein, welche Form der Darbietung für Nestroy geeignet, vor allem aber technisch und physisch machbar ist. Nestroy anhand der Stücke zu erschließen, lautete eine Forderung von Karl Kraus.[35] Doch unabhängig davon hatte Herbert Lederer bereits in den ersten Produktionen zuvor auf diese Weise seinen Zugang zu den jeweiligen Autoren gefunden. Die intensive Auseinandersetzung mit dem Text als der wichtigsten Arbeitsgrundlage und Informationsquelle sollte für ihn eine grundsätzliche Methode werden, die er stets beibehielt. Lederer besorgte sich die verfügbaren Werkausgaben Nestroys, um alle Stücke kennenzulernen und zu studieren. Dafür griff er auf jene Editionen zurück, die Vincenz Chiavacci (1847–1916) und Ludwig Ganghofer (1855–1920) beziehungsweise Fritz Brukner (1881–1944) und Otto Rommel (1880–1965) erstellt hatten. Während der gründlichen Lektüre exzerpierte Lederer sorgfältig jene Passagen, die ihm bemerkenswert und brauchbar erschienen. Auf diese Weise legte er sich einen umfangreichen Zettelkatalog an. „[M]ein Programm kam zustande, indem ich systematisch sämtliche 77 Stücke Nestroys las und mir da ein gelungenes Wortspiel, dort ein Couplet, einen kleinen Monolog, vielleicht nur einen einzelnen Satz notierte. Das so gefundene Material brachte ich in eine sinnvolle Reihenfolge und die Sache, sozusagen das 78. Nestroy-Stück, war fertig. Die Schwierigkeit war nur, zu entscheiden, was ich von dieser Überfülle weglassen sollte; denn mit dem, was im Rahmen meines Abends nicht mehr Platz fand, könnten drei Schriftsteller bequem ihr ganzes Leben lang auskommen."[36]

Nach dem Sammeln und Sondieren konnte er darangehen, die aus den Stücken Nestroys gelösten Zitate neu zusammenzusetzen und zu einer schlüssigen Handlung zu verbinden. „Das ging kinderleicht. Es war wie ein Puzzlespiel, ein Hin- und Herschieben einzelner Sätze oder ganzer Passagen, bis der richtige Ort gefunden war. Es ergab sich sogar ein anekdotischer roter Faden".[37]

Folgerichtig wies etwa Edwin Rollett (1889–1964) in einem Artikel auf den Montagecharakter der Produktion hin, die er mit einer „Mosaiktechnik" verglich. Lederer selbst betonte den handwerklichen Zuschnitt seiner Kompilation, für die

---

35 Vgl. Schmidt-Dengler: Nestroy. Die Launen des Glückes, S. 73.

36 Zit. nach der maschinschriftlichen Inhaltsangabe Lederers, wohl für das Programmheft: Ateliertheater am Naschmarkt 6/61–62, abgelegt im Ordner ... *doch nicht umsonst!*.

37 Herbert Lederer: Wie „... doch nicht umsonst!" entstand, in: ders., Theater für *einen* Schauspieler, S. 84 f., hier S. 85.

er, wie es im Untertitel des Programms hieß, „Balken und Splitter aus dem Werk des Dichters ausgeschnitten, gefalzt, zusammengeleimt und poliert geliefert" habe, weshalb er von einem Kritiker bei der Wiener Erstaufführung als „ganz vorzüglicher Tischler"[38] bezeichnet worden ist.

Aber auf welche Aspekte aus der Vielzahl an Problemfeldern und Konflikt-potenzialen, die Nestroy in seinen Stücken gestaltet hatte, sollte er sich konzen-trieren? Schon während des Lesens erkannte Lederer, dass zwei Themen für Nestroy offenkundig von zentraler Bedeutung waren und deshalb in seinen Stücken wohl auch ständig wiederkehren: Es handelt sich dabei um die Liebe und das Geld. Damit war die binäre Struktur von ... *doch nicht umsonst!* vorgegeben, als deren Träger Lederer zwei Protagonisten figurierte. Auch wenn sie sprachlich aus Versatzstücken bestanden, die von höchst unterschiedlichen Charakteren mit heterogenen Gesinnungen und Mentalitäten herrühren und außerdem verschiedenartige soziale Prägungen aufweisen, mussten sie kompakt und schlüssig wirken. Es genügte nicht, sie zu „einem färbigen Kaleidoskop"[39] zu arrangieren und sie nestroymäßig oszillieren zu lassen. Sie sollten möglichst viele Facetten – das Polyglotte und die physiognomische Vielfalt – Nestroys widerspiegeln, allerdings wie in einem Amalgam: Was Nestroy in sehr vielen Rollen ausdrücken durfte, musste Lederer in zwei jeweils einen ganzen Akt füllenden Gestalten einfangen und in ihnen konzentrieren. „Diese Idee ist glücklich", meinte ein Beobachter nach der Wiener Premiere, „nicht nur, weil sie zeigt, daß Nestroy auch die Kehrseite der Medaille Welt betrachtet hat, sondern auch deshalb, weil sie dem Talent Lederer Gelegenheit gibt, auf zwei grundver-schiedene Weisen zu funkeln."[40]

Der ersten Programmhälfte ordnete Lederer das Motto „Die Lieb is die Köchin, die am meisten anricht't in der Welt" aus *Die verhängnisvolle Faschingsnacht* (I,3) zu. Für die zweite wählte er einen Gedanken aus *Liebesgeschichten und Heiratssachen*, wo Nebel feststellt: „Das Geld macht nicht glücklich, sagt ein Philosoph, der froh g'wesen wär', wenn ihm wer ein's g'liehen hätt'".[41]

Den ersten Part bestritt Lederer als August Stein, ein junger Mann, der dank einer Erbschaft sorgenlos leben dürfte, quälten ihn da nicht die Zumutungen des täglichen Lebens. Nach einer gescheiterten Liebesnacht philosophiert er über die Frauen und die Ehe. Den gelangweilten Sermon unterbricht er immer wieder, um ungehalten seinem Hausknecht Ignaz zu läuten, „der aber niemals erscheint – wie sollte er auch, es ist ja ein Einpersonenstück! Die Morgenpost bringt auch nur Verdrießlichkeiten und schließlich hilft nur die schleunige Flucht vor den Zudringlichkeiten einer energischen Heiratskandidatin."[42]

---

38 Dr. J. [Jürg]: Bei Nestroy im Atelier-Theater, Das Kleine Volksblatt, 26. 5. 1962.
39 Gertrude Obzyna: An Hamur wia a Kreuzspinn' ..., Expreß, 25. 5. 1962.
40 gob: Nicht umsonst rezitiert, Die Presse, 26. 5. 1962.
41 Zitiert nach dem Programmheft Lederers; vgl. HKA Stücke 19, I,5: „Freilich, ‚Geld macht nicht glücklich', sagt ein Philosoph, der Gott danckt hätt'", wenn ihm wer ein's gliehen hätt [...]."

August steht als ein oberflächlicher Zerrissener in der Nachfolge des Herrn von Lips. Er ist jener „für Nestroy typische Einzelgänger", der als anhangloser Single „keine Familienfassaden pflegen oder restaurieren" muss und insgeheim einen Ausbruch aus seinem gleichförmig verlaufenden Dasein herbeisehnt.[43] Lips enttarnt sich in seinem Auftrittslied (I,5) als ein im Gemüt Zerstückter, der das Bedürfnis verspürt, den Ursachen seiner für ihn unerklärlichen Pathologie der Seele nachzuspüren. Nestroy zeichnet darin das minutiöse Psychogramm eines im Weltschmerz gefangenen Menschen, der seinerzeit als aktuelle und charakteristische Gestalt empfunden wurde. Bernhard Gutt nannte Lips nach dem Prager Gastspiel Nestroys am 16. Juli 1844 „eine wahre Erscheinung der Zeit" und sah darin das Porträt eines „abgespannten, durch alle Genüße Uibersättigten, der sich unglücklich fühlt, weil sein Glück nie wechselt."[44] Als Synonym biedermeierlicher Befindlichkeit steht er für eine Epoche, die als „abgründig" oder „zerklüftet" paraphrasiert wurde.[45]

Lederers August ähnelt entfernt diesem Lips hinsichtlich seiner inneren Zerrissenheit, stärker noch wirkt er als eine „kombinierte Sammelgestalt aller Schlankeln"[46] und weniger als Porträt eines einzelnen, konkreten Charakters Nestroys.

Die Rolle des alten Hausknechtes Ignaz dagegen stellt eine fein durchgearbeitete Charakterfigur dar, die in bewusstem Kontrast zum Lebemann August drastischer angelegt ist, und nicht zuletzt deshalb bei der Kritik auch viel Zustimmung erfuhr. Ignaz trägt unverkennbar die Züge des Anton Muffl aus Nestroys Posse *Frühere Verhältnisse*, ein Stück, in dem sich Menschen unter veränderten Macht- und Dienstverhältnissen unfreiwillig wieder begegnen. Herr von Scheitermann, der einstige Diener Johann bei Anton Muffl, hat als Holzhändler reüssiert, während sein vormaliger Prinzipal Muffl abgehaust und einen sozialen Abstieg durchlaufen hat. Als neu verpflichteter Diener kann Muffl das Geheimnis um die früheren Verhältnisse für sich erfolgreich als Pfand und Druckmittel einsetzen, bis die verworrenen Beziehungen aufgedeckt sind und die vorbelasteten Liaisons einvernehmlich aufgelöst werden müssen, weil der Zustand unhaltbar geworden ist. Die äußeren Veränderungen und sozialen Tarnkappen können nicht darüber hinwegtäuschen, dass die Menschen – charakterlich vor allem – letztlich dieselben geblieben sind.

Die aus den Stücken herausgefilterten und thematisch zugeordneten For-

---

42   Zit. nach der maschinschriftlichen Inhaltsangabe Lederers, abgelegt im Ordner ... *doch nicht umsonst!*.

43   Schmidt-Dengler: Nestroy. Die Launen des Glückes, S. 84.

44   Zit. nach Karl Kraus: Ein zeitgenössischer Kritiker Nestroys, in: Die Fackel 657–667 (August 1924), S. 105–107, hier S. 105.

45   Vgl. Heinz Politzer: Franz Grillparzer oder Das abgründige Biedermeier, Wien–München–Zürich 1972; Wendelin Schmidt-Dengler: Häresie und Tradition. Literatur, in: Österreich. Geschichte und Gegenwart, hrsg. von Hannes Androsch und Helmut H. Haschek, Wien 1987, S. 388–453, hier S. 392.

46   Edwin Rollett: Ateliertheater feiert Nestroy, Wiener Zeitung, 26. 5. 1962.

mulierungen Nestroys fügte Lederer pro Akt jeweils zu einem großen Monolog und lockerte diesen durch zwei Couplets auf. Der Rede von August Stein stellte Lederer die Lieder des Blasius Rohr („Drum sag ich 's kommt Alls auf a Gwohnheit nur an") aus *Glück, Missbrauch und Rückkehr oder Das Geheimnis des grauen Hauses* (V,7) sowie Leinöhls („Aber es bleibt net dabei") aus *Martha oder Die Mischmonder-Markt-Mägde-Mietung* (III,17) anbei. Ignaz dagegen wies er Konrads „Na, da kann man sich denk'n" aus *Theaterg'schichten durch Liebe, Intrige, Geld und Dummheit* (II,17) zu, den Auftritt beschloss Folletterls Gold-Couplet („Was d'Leut' auf der Welt wegen Gold alles treibn") aus *Der Kobold oder Staberl im Feendienst* (II,7).[47] Auf diese Weise kam ein Programm zustande, dessen Spieldauer mehr als zwei Stunden betrug; alle nachfolgenden Nestroy-Aufführungen Lederers sollten kürzer werden. Die originale Einleitungsmusik von Adolf Müller (1801–1886) vertonte Karl Heinz Füssl (1924–1992) neu, ein befreundeter Komponist und Musikwissenschaftler, mit dem Lederer künftig (nicht nur) bei den Nestroy-Produktionen zusammenwirken sollte; die liebevoll gestalteten Kostüme schuf Lederers Ehefrau Erna Perger.

Das Programmheft enthält auf der Rückseite den Essay *Der unbekannte Nestroy* von Egon Friedell (1878–1938); derselbe Text stand übrigens auch im Begleitheft der erwähnten Konzerthaus-Veranstaltung *Das is klassisch*. Da wie dort war offensichtlich die Vermittlung eines bestimmten Nestroy-Verständnisses ein Anliegen der Veranstalter.

INHALT

Für die Namen der beiden Protagonisten seines Spiels, August Stein und Ignaz, könnte Lederer bei Nestroy fündig geworden sein, wo ähnliche Bezeichnungen bisweilen im Figurenrepertoire auftauchen. In der Posse *Umsonst* wird ein Theateragent Stein genannt, in *Der Erbschleicher* heißt ein Revierjäger so, in *Mein Freund* ein Juwelier nebst Gattin. In *Die Zauberreise in die Ritterzeit* gibt es einen Ritter Fust von Stein. Stein kommt oft auch als Kompositum vor, zum Beispiel als Steinthal (*Das Verlobungsfest im Feenreiche oder Die Gleichheit der Jahre*), Steinröthl (*Weder Lorbeerbaum noch Bettelstab*) beziehungsweise Steinröthel (*Müller, Kohlenbrenner und Sesseltrager oder Die Träume von Schale und Kern*), Steinkopf (*Die Familien Zwirn, Knieriem und Leim oder Der Weltuntergangstag*) oder Steinheim (*Der alte Mann mit der jungen Frau*).

August, der Sohn des Herrn von Bieder, findet sich in *Der Zauberer Februar oder Die Überraschungen*, während ein Förster gleichen Namens in *Die Fahrt mit dem Dampfwagen* agiert. Nicht aus dem Rollenverzeichnis, jedoch aus dem Spieltext geht hervor, dass der Rufname des Herrn von Falsch in *Der Treulose* August lautet; und in *Einen Jux will er sich machen* ist es Sonders, der Liebhaber von Zanglers Nichte, der diesen Vornamen trägt. Ein anspruchsvoll klingender

---

47   Zit. nach den Unterlagen Lederers, abgelegt im Ordner *... doch nicht umsonst!*.

Name, der für den leichtlebigen und nicht gerade von Erfolg verwöhnten Liebhabertyp, den diese Figur verkörpert, gut zu passen schien und in Verbindung mit dem Widerpart Ignaz freilich auch ein wenig komisch wirken sollte.

Um einen Eindruck des Programms *... doch nicht umsonst!* zu vermitteln, wird im Folgenden eine näherungsweise Rekonstruktion wesentlicher Stationen unter Zuhilfenahme schriftlicher Aufzeichnungen aus den Vorarbeiten Lederers sowie einer Schallplatten-Aufnahme versucht.

Gleich zu Beginn prahlt August Stein wie Lampl in *Die lieben Anverwandten* damit, jemanden niedergeschlagen zu haben. Die Erklärung für sein rüdes Vorgehen entspringt seinem Verständnis eines humanen Aktes der Nächstenliebe: „Mir is noch Alles, wie ein Traum. – Den Hut hab' ich ihm mit'n Stock herunterg'schlagen, und nur weil er den Hut auf'n Kopf hat g'habt, hab' ich einen Theil vom letzterem – vom Kopf nehmlich – getroffen. Wie er dann auf der Erd g'legen is der erstere, – der Hut nehmlich – hab ich ihm noch eine gegeben auf den letzteren – auf'n Kopf nehmlich – auf den ganzen Kammberg niederg'schlagen, bloß damit er sich nicht zu bucken braucht um den erstern aufzuklauben – den Hut nehmlich". (HKA Stücke 25/II, III, 14)

Lederer montiert hier eine Stelle aus dem Stück *Die lieben Anverwandten*, deutet jedoch die Begegnung zwischen Lampl und dem Herrn von Kammberg um. Ist bei Nestroy die Attacke Ergebnis einer Provokation und Ehrenbeleidigung, weil Lampl den Namen Kammbergs, der sich auf einen edlen Stammbaum und verdienstvolle Ahnen beruft, mit Räubergesindel in Verbindung bringt, brüskiert August seinen Gegner aus Rivalität um eine Hausmeisterstochter, der August eifersüchtig nachstellt und auf dem Wasserglacis bei einem Rendezvous erwischt. Er prügelt sich, obwohl, wie er hier mit den Worten des Malers Patzmann aus *Eisenbahnheiraten oder Wien, Neustadt, Brünn* verächtlich feststellt, es sich nicht wirklich lohnt, sich für diese Frau aus „einer Hausmeisterwohnung[,] die an Verschmähung des Tageslichtes mit den Kerkern des Mittelalters wetteifert" (HKA Stücke 20, I,5), einzusetzen. Immerhin sei sie fesch, obwohl gerade das „die wahre Folterbank für ein' Verliebten"[48] darstelle, wie er analog zu Jeriel Finkl im *Karikaturen-Charivari mit Heiratszweck* bemerkt: „Eine Treulose kann

---

48   Hier ersetzt Lederer „Gemahl" durch „Verliebten".

man fliehen, eine Häuchlerin kann man entlarven, eine Meineidige kann man morden – aber was fangt man mit einer Feschen an!?" (HKA Stücke 28/II, II,2)

August will tunlichst Aufsehen vermeiden: „Ich hasse Szenen. Sie zahl'n sich net aus." Er beklagt sich wie der Holzhacker Lorenz in *Die verhängnisvolle Faschingsnacht* darüber, dass er durch eine Frau derart in Bedrängnis gebracht wurde: „Ein Madl hat ihren Liebhaber papierlt, dieser Fall hat sich schon vor der Erfindung des Papiers MillionenMahl ereignet, um so mehr jetzt in dieser papierenen Zeit. Der Fall is alltäglich. Nur daß das Madl grad mein Madl is, und daß ich grad der Liebhaber bin, der dem Madl sein Liebhaber war, das is das einzige neue und genante an der Sach." (HKA Stücke 15, III,1)

August bleibt freilich wie Lisette aus Nestroys *Eine Wohnung ist zu vermieten in der Stadt. Eine Wohnung ist zu verlassen in der Vorstadt. Eine Wohnung mit Garten ist zu haben in Hietzing* die stolze Gewissheit: „Hausherrn haben noch selten hoffnungslos geliebt" (HKA Stücke 12, I,15). Er bildet sich etwas darauf ein, aufgrund seines finanziellen Status und Besitzes, seiner gesellschaftlichen Position und des geläufigen Umgangs mit Frauen begehrt zu sein. Er demonstriert seine angebliche Attraktivität beim weiblichen Geschlecht analog zu Vincenz in Nestroys *Die beiden Herren Söhne* mit einer Parade seiner Geliebten, die ihn angeblich umschwärmen. Darunter gibt es „dem Schulmeister seine Resi", die „mit dem großen Mund" und dem „kleinen Fuß", dem „Schmied seine Netti" mit kleinem Mund, „schief gewachsen", aber mit „zarte[m] Teint"; aufgeschossen sei „dem Färber seine Kathi", eine „dürre Hopfenstange", dafür aber mit „feurigen Augen"; „für die Üppigkeit hab ich ja die Fleischselcherische Peppi." Jede der Genannten sei von Natur aus mit anderen Reizen oder Nachteilen ausgestattet, doch da verhält er sich pragmatisch: „Ich betracht die Natur als meine verarmte Schuldnerin, sie ist mir eine vollendete Schönheit schuldig, da laßt sie mich z'lang warten drauf, so pfänd ich halt die einzelnen Reitze, wo ich s' find, und diese Ratenbehebung macht am End doch eine Capital-Schönheit aus." (HKA Stücke 22, I,4)

Er spricht über „Weiberschönheit", die nicht von Dauer sei, und kommt ähnlich wie Bumml in *Zeitvertreib* zu dem Schluss: „Schiller sagt: ‚Man lebt nur einmal, drum muß man dazuschaun!'" (HKA Stücke 37, I,20) Er erwähnt die vergällten Freuden und verteidigt mit Schlankel in *Das Haus der Temperamente* die Unverzichtbarkeit von Kränkungen, denn „die Würze jeder Freude is ja die Dosis Schadenfreude, die dabei ins Spiel kommt." (HKA, Stücke 13, II,7)

Wieder mit Bezug auf *Die beiden Herren Söhne* argumentiert August, warum Männer bestimmten Frauen unterlegen seien. „Mitn Lachen hat noch keine was ausg'richt't gegen ein Mann; in der Thränenvergießerey allein besteht eure traurige Oberherrschaft, und leider giebt es wahre Virtuosinen im Weinen." Er präzisiert das Prinzip noch: „Na ja, hier is auch nicht die Red von Thränen, die in blaue Vortücher fallen, sondern von Thränen, die in battistenen Schnopftücheln intressant aufgefangt wer'n. Wenn a Kuhdirn zum Flennen anfangt (*parodirt einen gemeinen weinerlichen Ton*) ‚Du abscheulicher Ding, zuerst thust, als wennst sterbest vor Lieb, und jetzt laßt mich sitzen' – ja das laßt kalt; wenn aber einer Dame das Auge überströmt (*parodirt das Weinen einer empfindsamen Dame*) ‚Verräther so lohnst du meine Liebe? nur im Grabe find ich meine Ruhe wieder' – so was macht einen wahnsinnigen Eindruck." (HKA Stücke 22, I,8)

Mit den Augen von Schladriwux in *Die Gleichheit der Jahre* sieht August den „Weg von Freundschaft bis zur Liebe" poetisch als „eine blumenreiche Bahn." (HKA Stücke 7/I, III,12)

An die junge Witwe Adelheid will August einen versöhnlichen Brief schreiben, verwirft die Idee aber sogleich, weil er wie Hutzibutz in *Das Haus der Temperamente* von der Unverhältnismäßigkeit dieses Aufwands überzeugt ist und für Rationalisierung plädiert: „Liebesbriefe zu schreiben, das könnt überhaupt ganz abkommen, und ein Lithograf machet da ein prächtiges Gschäft dabei. Man braucht ja nur vier Formular, eins mit einer Liebeserklärung, eins mit einer Eifersucht, eins mit einer Versöhnung und Bestellung, und eins mit einem gänzlichen Bruch. Wenn man das so drukter zu kaufen krieget, als wie die Tattra Wechseln, so brauchet man nur immer Nahmen und Datum auszufüllen, und die verliebte Welt wäre versorgt auf ewige Zeiten." (HKA Stücke 13, I,18)

Dann erteilt er analog zu Schnoferl in *Das Mädl aus der Vorstadt oder Ehrlich währt am längsten* Ratschläge zur Versöhnung mit Frauen, wofür man bloß „zwey Stimmschlüsseln" brauche, „der eine heißt Imponiren, der andere nieder knien." Falls es so nicht klappen sollte, rät er, „so wandle den andern Weg, verkürze deine Gestalt um die Knie- und Fersendistanz, halt d'Händ z'samm und stottre die Zerknirschungs-Formel ,i werd's nimmer thun!'" (HKA Stücke 17/II, I,8)

In der Post entdeckt er den Brief einer Verflossenen. Offensichtlich ist die Beendigung der Beziehung ziemlich einseitig erfolgt, denn er amüsiert sich über die Sorge der Verehrerin und darüber, dass sie sich wundert, nichts mehr von ihm zu hören. Von Angst oder Trauer, von verletzten Gefühlen und Enttäuschung will er nichts wissen, im Gegenteil: „Weinen ist sehr gesund für ein Frauenzimmer".

August preist die Vorzüge der „ungebildeten Geliebten" und erklärt seine Präferenz mit Casimir Dachl aus *Heimliches Geld, heimliche Liebe*: „Wenn der Urwald der Unwissenheit noch durch keine Axt der Kultur gelichtet, die Prärie der Geistesflachheit noch durch keine Ansiedlung von Wissenschaft unterbrochen ist, wenn auf den starren Felsen der Albernheit die Gedanken wie Steinböck' herumhupfen und das Ganze von keiner augenblendenden Aufklärungssonne bestrahlt, sondern nur von dem Mondlicht der Liebe ein wenig bemagischt wird – das wird doch, hoff' ich, unbändig romantisch sein!" (HKA Stücke 32, I,16)

Ideale Frauen seien jene, die das Lesen und Schreiben nicht beherrschen, argumentiert er weiter mit Casimir aus *Heimliches Geld, heimliche Liebe*: „Eine, die nicht lesen kann, wird nie durch Bücher verdorben; sie kann deßtwegen noch immer verdorben werd'n genug, aber alle diese ,Geheimnisse von Paris', diese ,Monte Christo' und ,Ewigen Juden' und ,Maison rouge' sind Gebilde, die spurlos an ihr vorübergehn – ein bedeutender Profit! – Nicht minder sind die Vorteile des ,Nichtschreibenkönnens'. – A solche hat schon das voraus, daß sie sich nie durch orthographische Fehler blamiert, und die Männer machen schon einmal so ein Aufhebens, wenn eine ein' falschen Buchstaben schreibt, schreiben aber selber oft vier Seiten lange Brief', wo jed's Wort eine Falschheit is." (HKA Stücke 32, I,16)

Die Einladung der Bitzibergrischen – dieser Name fällt in *Das Mädl aus der Vorstadt* (HKA Stücke 17/II, I,6) – zum Hausball quittiert er mit einer Bemerkung Nebels aus *Liebesgeschichten und Heiratssachen*: „Schon Seneca sagt[:] zwischen Eingeladenwerden, und Eingeladenwerden is ein Unterschied als wie zwischen Kuß und Ohrfeig'n; die Art und Weise, wie man eingeladen wird is wirklich ein Zauberspruch, denn es werden dadurch oft Knödl in Ananas, oft aber auch Fasan in Kutlfleck verwandelt" (HKA Stücke 19, I,12). Gleichzeitig nimmt August das zum Anlass, um mit Rochus in *Glück, Missbrauch und Rückkehr oder Das Geheimnis des grauen Hauses* über den (Un-)Sinn von Beleuchtung nachzudenken: „Ich find, jede Beleuchtung ist unangenehm: Wenn man Jemanden haßt, ist man froh, wenn man ihn nicht sieht, wozu die Beleuchtung? – Wenn man Jemanden liebt, ist man froh, wenn Einem d'andern Leut nit sehn, wozu die Beleuchtung? – Die übrige gleichgültige Welt nimmt sich im Halbdunkel noch am erträglichsten aus; wozu also die Beleuchtung?" (HKA Stücke 14, I,5)

Daraufhin äußert er sich über die Fragwürdigkeit von Tanzvergnügen und beruft sich dabei auf *Kampl oder Das Mädchen mit Millionen und die Näherin*:

„Wozu tanzt der vernünftige junge Mann – denn ein alter tanzt nicht, wenn er vernünftig is – tanzt also der junge Mann, um durch eine verruckte Herumhupferey eine ordentliche Bewegung zu ersetzen? Gewiß nicht, denn das wäre unvernünftig. Tanzt er um Grazie zu zeigen? gewiß nicht, denn wenn er Grazie hat, is er kein Mann; dem Manne is nur der Anstand placidiert, und den zu zeigen, muß er bessere Gelegenheit finden, als eine Quadrill. Es wird gewiß niemand daran zweifeln, daß die Ballettänzerinnen Frauenzimmer sind, – und zwar comiföe[49] – aber zu der Idee sich aufzuschwingen, daß ein Ballettänzer ein Mann is, da g'hört viel dazu. – Keine Absprünge! – also, wozu tanzt der Vernünftige? – Er tanzt, weil Musick und Ballgeräusch vollkommen die stille Einsamkeit ersetzen, in der man unbelauschte Worte flüstert, weil in gewissen Walzer- und Quadrill-Momenten der strahlende Ball zur schattigen Laube wird, in der man an Wesen, welche Einsamkeit und Laube fliehen würden, die erste Annäherung riskieren kann." (HKA Stücke 31, III,17)

August wittert Gefahr, während des Festes durch die Bizzibergrischen wider Willen verkuppelt zu werden. Lederer modifiziert dazu einen Satz Federls aus dem Vorspiel von *Die Papiere des Teufels oder Der Zufall*: „Ha Ahnungsblitz der in den Heuboden meiner Unbefangenheit fahrt!" (HKA Stücke 18/II, Szene 4) und hängt Schlichts Befürchtung „Er will mich verschwiegersohnen –!" aus dem Vorspiel in *Mein Freund* (HKA Stücke 30, Szene 5) an; man wolle ihn mit einer Frau liieren, die mit einem „Überfluss an Unschönheit behaftet" sei.

Schließlich räsoniert August im Tonfall des Herrn von Ledig aus *Unverhofft* über die Vorzüge der Liebe gegenüber dem Ehestand: „Bei der Lieb is das Schöne, man kann aufhören zu lieben, wenn's ein'm nicht mehr gfreut, aber bei der Ehe! das Bewußtsein: Du mußt jetzt allweil verheirath't sein, schon das bringt Einen um." (HKA Stücke 23/I, I,2)

August erhält einen Brief der Komtess Malwine (für sie könnte namentlich Malwina aus *Die beiden Nachtwandler* Pate gestanden haben), die ihn an sein Eheversprechen erinnert. Er liest den Brief laut vor, wobei einige Wendungen auch aus der Szene stammen, wo Damian in *Zu ebener Erde und erster Stock* (I,12) Adolph einen Brief diktiert. Die Entzifferung der Zeilen fällt August schwer: „Die Schrift tanzt einen Kosakischen vor meinen Augen". Er witzelt dabei über den inflationären Gebrauch des Wortes Liebe oder stößt sich an den pathetischen Liebesschwüren und kommt zu der Erkenntnis: „Dieses ewige Beweisführen ist eine Malträtierung des Menschen."

Genauso wie der Spekulant Kauz in *Das Mädl aus der Vorstadt* misstraut August der uneigennützigen Liebe: „giebt's denn eine Lieb, die ganz ohne Eigennutz is? Der sentimentalste Jüngling muß oft sein schlankesten Gehrock versetzen, damit er die uneigennüzige G'spusinn auf'n Saal führen kann, warum soll ich, ein Mann aus dem die Natur vier Jünglinge bilden könnte nicht auch

---

49 D. h. comme il faut.

verhältnißmäßig generos seyn. Im weiblichen Herzen giebt's nie einen ganz freyen Eintritt, wenn die Zärtlichkeitsvorstellungen sind[.]" (HKA Stücke 17/II, I,4)

Bevor er sich fluchtartig dem überraschenden Besuch von Malwine entzieht, die mit ihm die Hochzeitsmodalitäten klären will, räsoniert er ausführlich über die Unterschiede zwischen Mensch und Tier, um daraus die Vorzüge der Frauen gegenüber den Männern abzuleiten. Lederer legt August dafür die Betrachtungen des Handwerkergesellen Rochus Dickfell aus *Nur Ruhe!* in den Mund: „Es ist jetzt ein schwer's Brod ein Frauenzimmer zu seyn; wier Männer haben zu viel Stolz in uns: Das hab'n wier noch vom Thierreich beybehalten, da zeigt sich auch das stärckere Geschlecht, daß es die Oberhand, sprich ich, die Oberpfoten hat; Hand darf man da nicht sagen; und ich find' es is Überfluß, daß wier von die Thier was nachmachen, wier sollen's lieber verheimlichen, daß wir zu die Säugetiere gehören; wier haben ohnedem so wenig Unterscheidungszeichen; na ja, was denn? Die Vernunft? Die is nicht allgemein genug, und wie viele giebt's, di mit a Bissel ein g'scheidten Pintsch sich gar nicht messen dürffen. Die Sprach' soll uns auch auszeichnen vor die Thier', und Mancher zeigt grad durch das, wenn er red't, was er für a Vieh is. Die Gesichtsbildung, von der will ich schon gar nix sag'n; denn seit der Colliersgraecemod[50] is es erst recht verrathen wor'n, daß unsere Vorältern in die Kokos- und Kacktus-Wälder von ein Baum zum andern g'hupft seyn. Ich find' nur Ein Hauptmerckmal der Menschheit, und das is der Wadl. In der ganzen Naturgeschichte giebt es kein Vieh, was ein'n Wadl hat; und wi is dieser Artikel gegenwärtig, nahmentlich bey unserm Geschlecht herabgekommen. Drum sag' ich, ehret die Frauen! Denn da spricht sich noch die Menschheit in großartigen Formen aus." (HKA Stücke 20, III,4)

Hier enttarnt sich der Feigling, der den Frauen, den Genasführten, zwar die Ehre gibt, sie aber sitzen lässt. Den Betrogenen rät er, sich damit zu begnügen, dass man sie um eines körperlichen Vorzugs wegen begehrt.

Nach der Pause betritt Ignaz, das „Urbild aller Domestiken seines Ranges",[51] die Bühne. Er ist ein Namensvetter der Bediener in Nestroys Burleske *Zwei ewige Juden und Keiner* oder in der Posse *Höllenangst* und weist alle Eigenschaften auf, die für eine volkstümliche Figur bezeichnend sind. Er wirkt kauzig und störrisch, gibt sich eigenbrötlerisch und überblickt die Bedingungen und Zusammenhänge seines Daseins mit dem Horizont des kleinen Mannes. Sprachlich verleiht er sich den Anschein gewisser Weltläufigkeit vorwiegend durch Bildungsbrocken und Phrasen, mit denen er seine Rede verbrämt. Er hat die zudringliche Malwine vertrieben und nimmt die Abwesenheit des Hausherrn zum Anlass, um sein Leben Revue passieren zu lassen. Die Zustände bei seinem Arbeitgeber wirken chaotisch, die Laune Augusts scheint ziemlich bedenklich zu

---

50 D. h. Colliers-grècque-Mode.
51 Edwin Rollett: Ateliertheater feiert Nestroy, Wiener Zeitung, 26. 5. 1962; allgemein siehe auch Helmuth von Dellemann: Dienerrollen in Nestroys Werk, in: Nestroyana 4 (1982), S. 110–116.

sein – „er hat ohnedem immer ein'n Hamur als wie a Kreuzspinnin wann g'weißingt wird" –, wie Ignaz mit den Worten Casimirs in *Heimliches Geld, heimliche Liebe* feststellen muss. (HKA Stücke 32, II,17)

Ignaz ist gerissen, er stellt sich bloß dumm und täuscht Arglosigkeit vor. Pfiffig durchschaut er die Zustände, lässt sich nicht vom Oberflächlichen, von den gesellschaftlichen Masken und Fassaden blenden: Hausbesitzer vom Format des August Stein imponieren ihm nicht – genauso wenig wie Johann der Herr von Goldfuchs in *Zu ebener Erde und erster Stock*: „Hausherr kann ein Jeder seyn, der sich ein Haus kauft. Und überhaupt, da is jetzt gar nicht drauf zu geh'n; heut' zu Tag giebt's Hausherrn, daß's Gott erbarmt, jeder Stein is beyn Grundbuch vernagelt, und Dreyß'g Jahr zieht der Baumeister den Zins; die Spomponaden kennt man schon." (HKA Stücke 9/II, I,10)

Dann erzählt Ignaz von seinen vielen Enttäuschungen, die ihm widerfahren sind, wobei er angesichts seines Schicksals in Selbstmitleid verfällt. Für die Schilderung seiner trostlosen Lage verwendet er dieselben hochtrabenden Metaphern wie Dappschädl in *Der Tod am Hochzeitstage oder Mann, Frau, Kind* (HKA Stücke 1, I,10) oder Schmafu in Nestroys Zauberspiel *Der konfuse Zauberer oder Treue und Flatterhaftigkeit*: „Auch ich war in Arkadien geboren, aber im Land des Glücks habn s' mir den Laufpaß geben, und jetzt schiff ich ohne Kompaß des Trostes auf dem schwarzen Meer der Verzweiflung herum." (HKA Stücke 3, I,8)

Die eigene Vergangenheit entpuppt sich als eine stellenweise tragische Geschichte eines Negativhelden. Beim Überblicken seiner Lebenskurve empfindet Ignaz seine zurückliegende Existenz einseitig als schrittweise erfolgte Desillusionierung. Als Äquivalent Schnoferls in *Das Mädl aus der Vorstadt* bilanziert er nüchtern: „Die pragmatische Geschichte meines Herzens zerfällt in drey miserable Kapitl, Zwecklose Träumereyen, abbrennte Versuche, und werthlose Triumphe." (HKA Stücke 17/II, I,5)

Gleichzeitig verrät er sich als arbeitsunwilliger Spekulant und berechnender Drückeberger, der auf günstige Gelegenheiten wartet und seine Chancen kalkuliert, wo er größten Nutzen mit geringstem Aufwand und Risiko erzielen könnte. Er führt verschiedene Berufe an, die er gar nicht erst ergriffen hat, und nennt wie der Zimmermann Peter Span aus *Der Unbedeutende* triftige Gründe, mit denen er seine Arbeitsscheu verbirgt. Demnach soll der Eindruck entstehen, dass es eine Zumutung gewesen wäre, derlei Arbeiten verrichten zu müssen. Er billigt ihnen nicht die geringste Attraktivität zu, mehr noch: er schildert die Tätigkeiten derart, dass sie unredlich und moralisch bedenklich wirken. Das zeigt sich bei dem abschätzigen Urteil, das eigentlich Robert in *Der Zauberer Sulphurelectrimagneticophosporatus und die Fee Walpurgiblocksbergiseptemtrionalis [...]* spricht: „Ein Sti[e]felputzer zu seyn, ist zwar auch ein glänzendes Loos, [...] aber doch immer ein schwarzes Loos" (HKA Stücke 6, II,13). Besonders schön kommt das jedoch an einer Stelle zur Geltung, die Lederer Nestroys *Mein Freund* entlehnt hat, wo Schlicht laut über den Stand der Juweliere nachdenkt:

Is das a Kunst? man nimmt die Steiner und faßt s'; das is das Ganze, und der Hauptvurthl dabey is, daß man dann und wann unter die ächten Brillanten einen Böhmischen einimischt. A G'spaß wär' das, wenn so a Brillant-Diadem reden könnt', und Mitten unter die ächten Brasilianer fanget auf einmahl einer zum powidal'n an. Die Täuschung is' halt was Allgemein's. (HKA Stücke 30, II,2)

Die nächste Sprosse auf der Karriereleiter nach unten illustriert Ignaz mit einer humorvollen Anekdote, die ursprünglich aus dem *Karikaturen-Charivari mit Heiratszweck* stammt. Dort erzählt Finkl seiner Gattin Kathi von seiner glücklosen Beschäftigung als „Asphalt-Pflasterer" in Nesthausen (HKA Stücke 28/II, I,9). Schließlich gründet Ignaz nach dem Vorbild von Anton Muffl in den *Früheren Verhältnissen* eine Materialhandlung, der ebenfalls kein langer Bestand beschieden ist. Ignaz geht Pleite und entzieht sich seinen Gläubigern durch Abreise in ein bescheidenes Kurbad, wo er über biedermeierliche Wellness fachsimpelt:

> Nach Cridagebrauch hab' ich mir wohl einen Nothpfennig von Zehntausend Gulden gerettet, aber es hat mich doch so angegriffen, daß ich eine Bad-Kur hab gebrauchen müssen; natürlich kein's von die ersten renomirten Bäder, denn das wär' aufg'fall'n bey einem eben erst Vergleichsverfahrenwordenen, sondern ich bin in ein kleines Bad, in ein neuentdecktes, das heißt, sie haben erst ein'n Doctor entdeckt, der ihnen durch chemische Analyse hat entdecken müssen, daß der Kubikmeter von ihrem G'schwabetz Dritthalb Gran Jod-Kali, ein Neunundneuzigstel Hektoliter Kohlensau'res Natron, und 43/8 Milligramm Schwefel-Sublimat enthalt't, folglich allen übrigen Bädern vorzuziehen ist, bey welchen durch mineralischen Hydro-Pepsin das Calzinierungs-Ferment mehr oder minder neutralisiert, und dadurch offenbar die Heilkraft um 73/16 Prozent, bey Unterleibs-Krankheiten sogar um 911/18 Prozent vermindert wird. (HKA Stücke 38, 5. Szene)

In seinen Erinnerungen verweilt Ignaz auffallend lange bei der Schauspielerei. Beim Stichwort Theater hakt er ein und ergeht sich tiefsinnig darüber, warum er als hoffnungsvoller Anwärter einst vom Thespiskarren abgesprungen war. Er rechtfertigt sich auf ähnliche Weise wie Conrad aus *Theaterg'schichten durch Liebe, Intrige, Geld und Dummheit*, der „zu ideale Erwartungen" gehegt und sich von „Thalia's Fahne" habe verführen lassen. Jetzt sei er von der Schauspielsucht geheilt und der Bühne überdrüssig:

> Ich hab' es satt gekriegt; ich konnte sie nicht verdauen diese zahllosen Abgeschmacktheiten, die man da täglich zu sehen und zu hören bekommt, wie jeder Schauspieler ein großer Mime ist, dem es nur an Glück fehlt, nie an Talent – wie noch gar kein Dichter ein schlechtes Stück geschrieben, sondern jedes Verunglückte nur durch die Darsteller geworfen wurde – wie jede Schauspielerin nur Kunst- und Platonische und gar keine andere Liebe fühlt – und wie jede Choristin ein braves Mädl ist – und wie jede Tänzerin

nur deßwegen was annimmt, weil sie eine 65jährige Mutter, und eine 4jährige Schwester hat – das Alles – mit einem Wort, ich hab' es satt gekriegt. (HKA Stücke 33, I,4)

In Adolf Bäuerles *Theaterzeitung* liest Ignaz Verrisse über misslungene Inszenierungen Schiller'scher Dramen, die er mit Kennerblick kommentiert. Für die Zitate benützt Lederer das Gespräch zwischen Christoph und Flachkopf in *Die Fahrt mit dem Dampfwagen* (Szene 6), das fast identisch in *Die zusammengestoppelte Komödie* wiederkehrt (5. Szene). Lederer übernimmt selbst Nestroys Spitze gegen die mediale Präsenz und Monopolstellung innerhalb der kulturellen Meinungsbildung, die Bäuerle über Jahre in Wien innehatte.

Anschließend schwingt sich Ignaz zum Theaterexperten auf, weil er als Bühnenraddreher die Interna kennenlernen durfte, und erinnert an den Schlossdiener Johann in *Die Fahrt mit dem Dampfwagen*: „Ich war vor zehn Jahren einige Zeit beim Theater engagiert; ich hab unter der Versenkung das Rad getrieben, folglich kann ich behaupten, daß ich das Theaterwesen von Grund aus kenne" (HKA Stücke 8/I, Szene 2). Ähnlich wie Johann wurde auch ihm übel mitgespielt:

O, beim Theater erlebt man oft viel in kurzer Zeit. In „Kasper der Thorringer" ist einmal bei der Winden unten der Strick abgerissen, da ist mir der Geist auf die Nasen g'fallen, ein anderesmal hat mich der Theatermeister gebeutelt, da hat e r einen Rausch gehabt und hat behaupt't, i c h hätt einen, die andern haben wieder gesagt, wir hätten alle zwei einen gehabt; wieder ein anderesmal haben sie mir eine Kabale gespielt; da hat der Lampenanzünder aus Bosheit meine Gevatterin mit Öl ang'schütt, die That hab ich gerochen, und wegen dieser Rache hab ich weg müssen von der dramatischen Kunst. (HKA Stücke 8/I, Szene 3)

Aus Christophs Monolog in *Die Fahrt mit dem Dampfwagen* entnimmt Lederer den Vergleich der Bühnenkunst mit der Kochkunst:

[...] die vier oder fünf Akte sind die vier oder fünf Speisen, die aufgetischt werden. Wenn ein paar Bösewichter herauskommen und reden recht dumm miteinander, das ist Rindfleisch; jetzt kommt einer und sagt eine enorme

Erzählung, das ist die Soß; jetzt kommen ein paar naive übertragene Mädchen und scherzen miteinander, das ist 's Kälberne; der Inhalt des Stücks ist eine Art Kompott; die neuen Gedanken sind meistens ein Ragout; es sieht einer frischgemachten Speis gleich, 's sind aber lauter überbliebene Sachen, die schon einmal auf der Tafel waren, die Intrigue des Stücks ist eine Art Ritscher, und das Ganze zusammen ist sehr häufig ein Schmarren. (HKA Stücke 8/I, Szene 7)

Der vergessene Regenschirm Augusts bewegt Ignaz dazu, die Vorzüge des Parapluis zu preisen. Die Vorgaben hierzu finden sich in *Unverhofft* sowie bei Staberl in *Der Kobold oder Staberl im Feendienst*, der verlautbart:

[...] ein Paraplui ist auch was rechts, ein Paraplui schützt heut zu Tag nicht [nur] vor Regen, Schnee und den brennenden Sonnenstrahlen, sondern es schützt auch vor den geldverlangenden Blicken uncivilisirter Gläubiger, wenn man z. B. voll Schulden ist, und man geht so übern Kohlmarkt und Graben, bei die Kaufläden, Marchande des Modes Gewölbern und andern Wohlstands-Catacomben vorbei, sieht einem kein Einziger dem man etwas schuldig ist, wenn man das Paraplui gehörig links und rechts zu dirigiren versteht. (HKA Stücke 14, I,3)

Im letzten Abschnitt schneidet Ignaz genauso wie Staberl die finanzielle Frage an, die ihn, den besitzlosen Vagabunden, notwendigerweise am meisten beschäftigt. Das Geld sei ihm im Laufe seines Lebens in dreierlei Form begegnet, nämlich „in der Gestalt als viel, [in] der Gestalt als wenig, oder in der Gestalt als gar nicht" (HKA Stücke 14, I,3). An dieser Stelle stimmt er mit Schnoferl in *Das Mädl aus der Vorstadt* überein: „Wie man's nimmt, zwischen Auskommen und Einkommen is es schwer das gehörige Verhältniß herzustellen, denn 's Geld kommt auf schwerfällige Podagrafüß herein und fliegt auf leichten Zephirflügeln hinaus." (HKA Stücke 17/II, I,6)

Ignaz sieht sich als ein vom Schicksal Benachteiligter und Übergangener, sein Talent hätte deswegen brach liegen müssen, weil ihn niemand gefördert habe. Hier teilt er die Meinung des temperamentvollen Schmieds Gluthammer aus der Posse *Der Zerrissene*, der nicht ohne Neid feststellt:

Die reichen Leut' haben halt doch ein göttliches Leben, einen Theil vertrincken s', den andern Theil verfressen s', a Paar Theil verschlafen s', den größten Theil verunterhalten s'. – Schad, ich hätt' zum Reichthum viele Anlag g'habt; wenn sich so ein Millionär meiner ang'nommen hätt', hätt' mich ausgebild't, und hätt' mir mit der Zeit 's G'schäft übergeben – aus mir hätt' was werden können. (HKA Stücke 21, I,3)

Vom Geld ist es nur ein kleiner Schritt zur Ehre, deren geringe gesellschaftliche Relevanz Ignaz bei einem Billardspiel bescheinigt wird – gleichfalls verwendet Lederer hier eine Passage Schnoferls in *Das Mädl aus der Vorstadt*: „Vorgestern spieln zwey in Kaffeehaus miteinander Billard[,] d'Parthie um a Sechserl, einer verlirt etliche Parthien; sagt er:, ‚ah, das kommet mir z'hoch, wir spieln's jetzt bloß um die Ehr"; ein Zeichen daß der die Ehr nicht ganz auf Zwey Groschen taxiert" (HKA Stücke 17/II, I,7). Ignaz tröstet sich schließlich damit, dass er die vielen Unannehmlichkeiten und Schwierigkeiten, die mit dem Reichtum verbunden sind, in Erwägung zieht und für sich als zu aufreibend empfindet. In dem Maße, als sich bei den Wohlhabenden die Geldbörse erweitere, würde sich deren Herz verengen – eine eindrückliche und ermahnende Vorstellung, die er mit dem Gold-Couplet aus *Der Kobold oder Staberl im Feendienst* noch vertieft.

Sein Selbstgespräch rechtfertigt er wie der Fabrikant Walzl in *Unverhofft:* „Ich denke selten, nur wenn man mich bei die Haar dazu zieht, wenn ich aber anfang zu denken, nachher denk ich mir, was ich will." (HKA Stücke 23/I, II,16)

PREMIERE

Herbert Lederer sollte sein erstes Nestroy-Programm im ‚Ateliertheater am Naschmarkt' zur Aufführung bringen. Ruft man sich die Geschichte der Wiener Kleinkunstbühnen des 20. Jahrhunderts in Erinnerung, so stand er dort auf geschichtsträchtigem Boden. Im Untergeschoß des Cafés Dobner war seit dem Jahr 1933 die ‚Literatur am Naschmarkt' zuhause gewesen, die Rudolf Weys und Friedrich Vas Stein gegründet hatten und wo Jura Soyfer, Hans Weigel oder Hilde Krahl zeitweise künstlerisch beheimatet gewesen waren.[52] Später führte Helmuth Matiasek dort sein ‚Kaleidoskop', das 1953 im Keller der Secession unter maßgeblicher Beteiligung von Otto Schenk und Herbert Lederer initiiert worden war, ehe es im folgenden Jahr in die Wienzeile übersiedelte. 1960, nach der Aufführung von Lederers *Meier Helmbrecht* geschlossen, übernahm schließlich Veit Relin (*1926) von Wilhelm Paul Wondruschka die Verantwortung für die Bühne und führte sie bis 1967 als ‚Ateliertheater' fort. Für die Saison 1961/62, welche der neue Hausherr mit der Wiener Erstaufführung von Jean Anouilhs *Leocadia* am 10. September 1961 beginnen wollte, kündigte Relin einen Nestroy-

---

52 Vgl. Rudolf Weys: Literatur am Naschmarkt. Kulturgeschichte der Wiener Kleinkunst in Kostproben, Wien 1947; Katharina Erika Trdy: „Ein Brettl muss mir die Welt bedeuten ..." Die Wiener Kleinkunstbühne „Literatur am Naschmarkt" und ihre Protagonisten Rudolf Weys und Friedrich Vas Stein, Dipl.-Arb., Wien 2006.

Abend mit Herbert Lederer im April 1962 an.[53] Das Licht der Theaterwelt erblickte *... doch nicht umsonst!* freilich dann doch nicht in Wien, sondern fernab der Großstadt – im Salzkammergut. Einer Einladung folgend, gastierte Lederer am 5. Mai 1962 im Kongresssaal des Kurhauses von Bad Ischl und brachte hier sein Programm *... doch nicht umsonst!* zur Uraufführung, die unter der Patronanz des hiesigen Lions-Club stand. Zu Nestroy ergaben sich lokale Beziehungen insofern, als dieser 1859 in Ischl eine Villa erworben hatte, um hier die Sommermonate zu verbringen, an einigen Stücken zu arbeiten und fallweise im hiesigen Theater aufzutreten.[54]

Ehe Herbert Lederer als Gast der Wiener Festwochen ins ‚Ateliertheater am Naschmarkt' übersiedelte, kürzte er sein Programm um einige Seiten, weil es sich in Bad Ischl als zu lang erwiesen hatte. Außerdem spielte er probehalber einige Male vor Schülern, um die Aufnahme seines Stückes und die Reaktionen des Publikums zu testen, die ihn nochmals zu kleineren Veränderungen am Text bewogen. Am 24. Mai hob sich der Vorhang im Ateliertheater. Der Erfolg des Stückes, welches innerhalb des Zyklus ‚Meisterwerke des Volkstheaters' zunächst bloß bis zum Ende des Monats geboten werden sollte, übertraf alle Erwartungen. Lederer gelang nach eigener Aussage mit *... doch nicht umsonst!* ein Durchbruch, weil er dadurch in Wien seine Legitimation „als Nestroy-Spieler" erhielt.[55] Mit dieser wie den später folgenden Nestroy-Produktionen reihte sich Lederer unter die bedeutenden Nestroy-Interpreten wie Paul und Attila Hörbiger, Karl Skraup, Leopold Rudolf, Josef Meinrad oder Otto Schenk ein. Fortan bildete Nestroy innerhalb der Produktionen Lederers bis in die 1990er Jahre einen Fixpunkt.

Den Kritiken nach zu urteilen, muss es eine in sich stimmige und überzeugende Darbietung gewesen sein: „angefangen von der enormen, rein mnemotechnischen und sprachlichen Leistung und der blitzartige Umstellung erfordernden geistigen Beherrschung bis hin zur souveränen Meisterung einer immer wieder verblüffenden vis comica, die durch eine nachgerade frappante Ähnlichkeit mit dem Dichter so verstärkt wirkt, daß man diesen selbst herabgestiegen wähnt."[56] Der Beobachter fühlte sich abschließend zu der schmeichelhaften Bemerkung veranlasst: „Nestroy, sähe er vom Olymp der großen, lächelnden Spötter auf sein geliebtes und durchschautes Wien von heute: er schriebe ein Einpersonenstück. Für Herbert Lederer", während das *Kleine Volksblatt* etwas vollmundig von einem „Abend am Niagarafall des unverwüstlichen, bissigen ‚Hamurs'"[57] sprach. Lederer ließ Nestroy auch physisch auf der Bühne präsent werden: „Verblüffend schon seine Maske. Wir kennen Nestroy von einigen

---

53 Anouilhs „Leocadia": 10. September Premiere am Naschmarkt, Neuer Kurier, 23. 6. 1961.

54 Vgl. Josef H. Handlechner: Nestroy, Johann, sehr lang, greller Schauspieler ..., Bad Ischler Rundschau, 4. 1. 2001; Walter Obermaier: Nestroy in Ischl, in: Nestroyana 25 (2005), S. 105–114.

55 Lederer: Theater für *einen* Schauspieler, S. 85.

56 Nachfolgend RUK: Nestroy – fast höchstpersönlich, Neuer Kurier, 25. 5. 1962.

57 Dr. J. [Jürg]: Bei Nestroy im Atelier-Keller, Das Kleine Volksblatt, 26. 5. 1962.

Figurinen und Daguerreographien, und das Bild, das sich bei ihrer Betrachtung eingeprägt hat, wird nun auf der kleinen Bühne im Ateliertheater lebendig: Das grantig-geistvolle, längliche Gesicht, die Haarlocke, die schmalen, etwas verzogenen Schultern".[58] Gewichtiges Lob für diese außergewöhnliche Darbietung kam von Hans Weigel, der sinngemäß von einer Sternstunde Nestroys sprach, die Lederer ermöglicht habe:

> Er führt kein Potpourri, keinen Querschnitt, keinen personifizierten Zitatenschatz vor, also keine Art von Nestroy-Mäderlhaus, sondern eine wohlzusammengestellte, behutsam und in zulässiger Manier leicht arrangierte, kundig aufgebaute monologische Suite, die nicht ermüdet, sondern erquickt und erheitert [...] jeweils von Couplets belebt [...] – er hat seinen Nestroy durchaus studiert mit heißem Bemühen und nicht die bekanntesten Zitate um jeden Preis und mit aller Gewalt dem Gang der Reflexionen oktroyiert – er spricht und erlebt die Texte im rechten Geist und in der rechten Weise.[59]

Woraus resultierte die an den Rezensionen der Zeitungen ablesbare Begeisterung? Sicherlich ist sie zu einem Gutteil der komprimierten Zusammenstellung zuzuschreiben, die in dieser Form ungewohnt und überzeugend zugleich wirkte. Die Nestroy-Extrakte erlaubten in der präsentierten Form – losgebunden vom ursprünglichen Handlungsstrang und herausgeschält aus dem stofflichen Beiwerk – überraschende Einblicke in die Vielschichtigkeit der Stücke. Indem Lederer die Grundaspekte und Kerngedanken der Stücke Nestroys zu einer neuen Erzählkette aneinanderreihte, bot er sie in verdichteter Weise dar. Nestroy trat gewissermaßen in enthüllter und klarer Form dem Publikum entgegen, er war auf das Grundsätzliche reduziert und erreichte in dieser Konzentration eine massive Wirkung. Es gab nichts mehr, das vom Wesentlichen ablenkte. Lederers Eingriffe wirkten sich zwar purifizierend auf Äußerlichkeiten aus, zugleich durch die Reduzierung anreichernd. „Obwohl man Nestroys amüsante Spitzzüngigkeit kennt, ist man doch von dieser Fülle funkelnder, ja sprühender Worte und Wortspiele, von dieser Überfülle blitzgescheiter Beobachtungen und unerbittlicher Entlarvungen nicht nur überrascht, man wird von ihr geradezu erschlagen. Wie auf einen Tisch hingeschüttet, liegen da Edelsteine und Halbedelsteine. Doch Lederer wirkt in beiden Rollen genähert nestroyisch, wohl mehr derb als spitz."[60]

Um Nestroy sichtbar zu machen, das wurde durch Lederers Einstudierung deutlich, bedarf es nicht unbedingt des Erzählerischen und Stofflichen. Die Handlung seiner Possen und Komödien liefert nur den formalen Vorwand für seine Gedanken, die er auf diese Weise artikuliert, den äußeren Rahmen, in den er sie einbettet, gleichsam das Vehikel, mit dem er sie transportiert. Die Kritik anerkannte Lederers Absicht, Nestroy „über bestimmte festumrissene Themen

---

58   gob: Nicht umsonst rezitiert, Die Presse, 26. 5. 1962.
59   Hans Weigel: Lederers Digest, Illustrierte Kronenzeitung, 26. 5. 1962.
60   Karl Maria Grimme: Mit Nestroy im Alleingang, Österreichische Neue Tageszeitung, 26. 5. 1962.

hinaus deutlich werden zu lassen",[61] und war sich der Wirksamkeit und Schlagkraft dieses Ansatzes bewusst. „Durch die sinnig, klug und mit feinem Fingerspitzengefühl und profunder Sachkenntnis sorgfältig geschaffene und meisterhaft dargestellte Suite ist Nestroy und sein Werk den Wienern näher gebracht worden, als es je eine große Bühne mit einer Glanzaufführung eines Nestroy-Werkes zustandegebracht hat."[62]

Der Versuch, Nestroy in komprimierter Form zu vermitteln, fand jedoch nicht ungeteilten Beifall. Das geballte Aufmerksamkeit fordernde Programm empfanden manche als strapaziös und sahen sich überfordert. „Wenn die Fülle der Aphorismen und Sarkasmen, die der Dichter mit wohlweislicher Ökonomie über die Szenen seiner Stücke verstreut hat, in solcher pausenloser Folge auf einen herniederhagelt", schrieb etwa Fritz Koselka im *Neuen Österreich*, „wirbelt einem mit der Zeit ein bißchen der Kopf. Und man stellt Betrachtungen darüber an, ob weniger nicht mehr gewesen wäre."[63] Ähnlich sah es Edwin Rollett in der *Wiener Zeitung*:

> Daß dieses szenisch und im Kostüm dargebotene Nestroy-Brevier mit seinem überreichen Zitatenschatz zu dick geriet, weil keine Pointe richtig nachklingt, jede sofort von der nächsten verdrängt wird, und so einem Feuerwerk gleicht, dessen Räder, Raketen usw. alle auf einmal losgehen, tut dem guten Willen ebensowenig Eintrag wie den [sic] Tendenz, das Ganze möglichst auf G'spaß abzustimmen, den Lokalhumoristen, nicht aber den Satiriker zur Geltung zu bringen.[64]

Nur wenige Journalisten dürften sich derart kenntnisreich und prägnant über Lederers Unternehmen geäußert haben wie Hans Heinz Hahnl (1923–2006). Als die *Arbeiter-Zeitung* bei der 100. Aufführung von *... doch nicht umsonst!* einen Artikel einrückte, nützte Hahnl die Gelegenheit, in kompakter Form und sachlich abwägend, Lederers Ansatz bei Nestroy zu diskutieren und die Berechtigung eines solchen Unterfangens zu hinterfragen:

> Aber ist das überhaupt erlaubt, aus den 82 Theaterstücken Nestroys die Zuckerln auszusuchen und daraus quasi ein neues Nestroy-Stück zusammenzuleimen, mit Herbert Lederer als einzigem Darsteller, als Liebhaber und Intrigant, als Hausherr und Hausknecht zugleich? Problematisch ist es schon, fürs Publikum wenigstens, dem keine Rast zwischen den Bonmots gegönnt wird. Aber dem Nestroy tut es nicht mehr an als das notwendige Kompromiß jeder Theateraufführung. Karl Kraus ist ja bekanntlich so weit gegangen, daß er überhaupt jedermann die Berechtigung, Nestroy zu interpretieren, absprach, in dem sich nicht wie bei Nestroy die völlige Vereinigung und

61   dt: Ein literarisch bedeutsames Ereignis, Badische Neueste Nachrichten, 22. 7. 1963.
62   F. T.-L.: Johann Nepomuk Nestroy applaudierte, Der Rundblick, 20. 9. 1962.
63   F. K. [Fritz Koselka]: Nestroy-Potpourri am „Naschmarkt", Neues Österreich, 26. 5. 1962.
64   Edwin Rollett: Ateliertheater feiert Nestroy, Wiener Zeitung, 26. 5. 1962.

Identifizierung des Satirikers mit dem Schauspieler und Dichter vollzogen habe. Purist, der er war, lautete sein kategorischer Imperativ: Nur Nestroy habe Nestroy spielen können, mit einer Ausnahme: Karl Kraus. Ohne Lederer auch nur im geringsten mit Karl Kraus vergleichen zu wollen, muß man ihm zubilligen, daß auch er die monologische Konzeption der Nestroy-Stücke für seinen Abend ins Treffen führen kann. Ganz abgesehen davon, daß er gelungen ist und dem Publikum gefällt, das zum Lachen gereizt, aber gleichzeitig zum Nachdenken gezwungen wird und ganz davon zu schweigen, daß Lederers Nestroy-Suite dem Kenner oder dem, der sich dafür hält, das subtile Vergnügen beschert: Woraus ist was?

Eine gewisse Nestroy-Scholzische Melange, halb entfesselter Hausknecht, halb gemütlicher Hausmeister, gelingt Lederer besonders gut, nicht zuletzt dank seiner außerordentlichen Mimik. Vergleiche, um jemand, der ihn nicht gesehen hat, seine Art und seinen Rang anzudeuten, findet man kaum. Er ist ein Unikum, ein Original, ein Kauz und als solcher doppelt berechtigt, in aller Bescheidenheit in die Maske Nestroys zu schlüpfen.[65]

TOURNEEN

Nach den zahllosen Aufführungen im Ateliertheater schlossen sich sofort Tourneen und auswärtige Gastauftritte an, die Herbert Lederer durch die österreichischen Bundesländer sowie in die Bundesrepublik Deutschland führten. Eine frühe Einladung erhielt Lederer beispielsweise nach Villach. Dort erinnerte man sich an seine Darbietung von Ernest Hemingways *Der alte Mann und das Meer* aus dem Vorjahr, weshalb er jetzt erneut kommen sollte. Am 29. Mai trat Lederer mit seinem Nestroy-Programm im Paracelsussaal des Villacher Rathauses auf.

Neben Wien würdigte 1962 auch Graz, das Nestroy zu seinem Altersitz erwählt hatte, dessen 100. Todestag. Gemeinsam mit der steirischen Landesbibliothek am Joanneum und der Urania in Wien hielt das Forum Stadtpark die Grazer Nestroy-Wochen ab, die am 20. Mai mit einer Nestroy-Ausstellung begannen und von mehreren Vorträgen begleitet wurden. Dr. Friedrich Langer vom Bundesministerium für Unterricht sprach am 26. des Monats über „Wiener Biedermeier, Theater vor Nestroy", während der damalige Präsident der Österreichischen Raimund-Gesellschaft, Dr. Gustav Pichler (1904–1980), zwei Tage später über das Verhältnis von Raimund und Nestroy referierte. Die ‚Vereinigten Bühnen' boten Inszenierungen von *Das Haus der Temperamente, „Nur keck!",* *Unverhofft* sowie *Einen Jux will er sich machen* an.[66] Vom 30. Mai bis zum 2. Juni spielte Herbert Lederer im jungen Forum Stadtpark.

Die Lokalpresse goutierte das Unterfangen Lederers, Nestroy als Einperso-

---

65 h. h. h. [Hans Heinz Hahnl]: In Stellvertretung Nestroys, Arbeiter-Zeitung, 9. 9. 1962.
66 K. H. H.: Nestroy-Wochen in Graz, Wiener Zeitung, 26. 5. 1962.

nenstück und durch zwei miteinander korrespondierende Protagonisten vermitteln zu wollen:

> Mit diesem großartigen Einfall hat er das Problem, Nestroy im Alleingang zu spielen, auf das Beste gelöst, ohne sich oder den Autor in irgendeiner Weise zu vergewaltigen. Nestroys bitterer, von seiner pessimistischen Philosophie durchtränkter Humor kann sich dadurch ebenso zeigen wie das darstellerische Talent seines Interpreten. Lederers (hier im doppelten Sinne des Wortes) mühselige Arbeit, das Gesamtwerk Nestroys auf Bonmots hin durchzuackern, ist der Anerkennung wert, mehr aber verdient noch die Zusammenstellung des für brauchbar Gefundenen unser Lob. Lederer, immer schon sein eigener Regisseur und Darsteller, beweist hier seine szenische Begabung. Nirgends in seinem langen Monolog stören die Übergänge, nirgends tritt eine unmotivierte Stockung auf, es wirkt, als hätte Nestroy selbst das Beste aus seinen Stücken ausgewählt, um daraus ein Einpersonenstück für Lederer zu machen.[67]

Nestroy habe in Lederer einen kongenialen Interpreten gefunden, der als Unterhalter und Pädagoge gleichermaßen überzeugend gewesen sei.

> Der Possenhaftigkeit der meist ja gar nicht originalen Handlungsabläufe beraubt, wirkt hier das eigentliche Werk Nestroys, alles das, worin er unverwechselbar ist. Wer wollte leugnen, daß ihm die Geschehnisse auf der Bühne ein blendend gehandhabtes Mittel zur Entfesselung seiner Wort- und Gedankenkaskaden waren, nicht mehr? Mit diesen Wort- und Gedankenkaskaden war hier ein erfreulich aufgeschlossenes Publikum konfrontiert, das außerdem stark mit Jugend durchsetzt war: es hat keine Pointe fallen lassen, kein Schmunzeln versäumt und – man merkte es den einzelnen an – spätestens beim Hinausgehen nachzudenken begonnen. Freilich hat es die Pointen auch entsprechend serviert bekommen; nach der Leistung des „Lektors" und „Dramaturgen" ist jene des Darstellers zu loben. Da blieb kein Wort undeutlich, keine Gebärde mißverständlich, da waren alle Register von der Drastik bis zur Feinheit gezogen, und jedes zur rechten Zeit. Eine zupackende Intelligenz hatte sich hier Nestroys bemächtigt und ihn in ein neues Licht gestellt.[68]

Wegen der unerwartet hohen Resonanz und des ungebrochenen Publikumsandrangs fiel in Wien rasch die Entscheidung, das Programm den ganzen Sommer hindurch zu spielen.[69]

Am 9. August durfte Herbert Lederer ... *doch nicht umsonst!* bereits zum 75. Mal im Ateliertheater präsentieren.[70] Bei dieser Gelegenheit bemerkte Bruno Prohaska:

---

67   Nestroys „Einpersonenstück", Neue Zeit, 2. 6. 1962.

68   no: Lachen und Nachdenken, Süd-Ost Tagespost, 2. 6. 1962.

69   Vgl. Ankündigung im Expreß, 8. 6. 1962.

Die gespanntesten Erwartungen wurden durch den Künstler noch weit übertroffen. Man weiß nicht, soll man die kluge Zusammenstellung aller dieser teils profunden, teils erfrischenden Gedanken bewundern, [...] oder soll man aussprechen, wie sehr er in seinem ganzen Wesen und Spiel Nestroy nahekam? Wie immer dem sei, es war ein Nestroy-Fest, das man nicht unbeachtet lassen dürfte. Denn man wird kaum ein anderes von gleichem Rang erleben können.[71]

Die kommunistische *Volksstimme*, welche die Soloaufführung Lederers als „lustige[n] Seitensprung"[72] innerhalb der aktuellen Nestroy-Veranstaltungen einschätzte, sah nun günstige Chancen für die Langlebigkeit dieser Produktion. Sie sollte mit ihrer Vermutung Recht behalten, denn das bis Ende August angesetzte Programm musste wegen der anhaltenden Nachfrage noch einmal, bis Mitte September, verlängert werden. Ungeachtet der starken Beanspruchung und der fast täglich angesetzten Auftritte bot Lederer unverändert eine qualitativ stabile und souveräne Leistung.

Man ist nicht umsonst ins Ateliertheater gegangen: auch bei dieser 75. Wiederholung seiner brillanten Nestroy-Synthese zeigte sich Herbert Lederer unermüdet, intensiv und im vollen Besitze seiner brillanten technischen Mittel. Er ist ein Könner, den man ebenso in seiner sprachlichen, wie in seiner mimischen Virtuosität bewundern muß und dessen Fähigkeit, sich mit zwei grundverschiedenen Typen zu identifizieren, verblüfft.[73]

Ebenso anerkennend zeigte sich Bruno Prohaska angesichts des Durchhaltevermögens des Schauspielers und des hohen Niveaus seiner Inszenierung:

[...] bei Lederer tritt jene sich leicht automatisch ergebende, aus einer öden Routine stammende Gleichgültigkeit, die man wiederholt bei Serienerfolgen an Wiener Bühnen erleben mußte, nicht ein. Jeder Abend ist bei ihm wie eine Premiere. Das hat man bisher noch niemals erlebt. Aber das ist wohl auch der Grund, warum der Künstler, dem Publicity doch nur in bescheidenem Maße zur Verfügung steht, nun, ohne die geringsten Ermüdungserscheinungen erkennen zu lassen, immer sein Publikum findet.[74]

Doch auch außerhalb Österreichs beobachtete man das Wiener Erfolgsprogramm im Ateliertheater. Der Berliner Autor und Journalist Hans-Gerd Sellenthin verfolgte von Beginn an Lederers Produktionen als Alleindarsteller und schloss in seine ausführliche Stellungnahme zur Nestroy-Aufführung folgende Charakterisierung des mimischen Talents ein: „Ein Mann mit fast uferloser Gedächtnisleistung, plastischem Ausdrucksvermögen, großer Verwandlungskraft, hinrei-

---

70   Vgl. Neuer Kurier, 7. 8. 1962.
71   -a. [Bruno Prohaska]: Nestroy-Feier Herbert Lederers, Blick, 9. 6. 1962.
72   Volksstimme, 9. 8. 1962.
73   -lf-: Jubiläum am Naschmarkt, Österreichische Neue Tageszeitung, 12. 8. 1962.
74   Bruno Prohaska: Herbert Lederers Jubeltag, Blick, 25. 8. 1962.

ßender Imagination und ein Pantomime von Rang wie als Sprecher von bester Schule", dessen Darbietung zweifellos „europäischen Rang" habe.[75] Die *Wiener Zeitung* gab am 18. August in der Rubrik „Das Theaterstück der Woche" einen Ausschnitt aus dem zweiten Teil der Produktion wieder, wo Ignaz über die Launen seines Dienstherrn räsoniert.

Am 7. September führte Lederer ... *doch nicht umsonst!* zum 100. Mal im Ateliertheater auf. Aus diesem Anlass hatte er für Ignaz eine Zusatzstrophe zum Gold-Couplet gedichtet, die eine Hommage an Nestroy enthält:

> Ich sing' schon vier Monate lang dieses Lied
> und, ehrlich g'sagt, bin ich's noch lange nicht müd'.
> Zum hundertsten Mal steh' ich heut' an dem Ort,
> von mir aus geht's noch bis zum Tausender fort!
> Es ist ein schön' G'fühl, so erfolgreich zu sein,
> 's Verdienst daran hat ja nur einer allein.
> Sie wissen schon wer, das ist allseits bekannt:
> Er wird Johann Nepomuk Nestroy genannt.[76]

Aktualisierungen solcher Art nahm Herbert Lederer übrigens auch bei anderen Gelegenheiten vor. Anlässlich einer Aufführung, bei der Spieler der Fußballmannschaft Austria Wien anwesend waren, nahm er darauf in einem Couplet des Ignaz Bezug.

Inzwischen bekundete das noch junge Medium Fernsehen sein Interesse an ... *doch nicht umsonst!*, das in Wien als einer „der größten Bühnenerfolge der letzten Zeit"[77] galt. Die Initiative dazu kam freilich von außen. „Von selbst stiegen Schweizer Filmleute in den Keller am Anfang der Linken Wienzeile. Sie waren vom Nestroy-Ritt Lederers derart begeistert, daß sie sich sofort entschlossen, die ganze Vorstellung als Film aufzunehmen."[78] Hierzulande hatte offenbar niemand an die Möglichkeit einer derartigen Produktion gedacht. „Diese von Kritik und Publikum gefeierte Ein-Mann-Show wurde vom Oesterreichischen Fernsehen ignoriert", tadelte darum das *Kleine Volksblatt*. „Eine Gelegenheit wurde versäumt. Man würde das der österreichischen Television nicht vorhalten, wenn ihr Programm auf eine gute Sendung verzichten könnte. Vorläufig kann es das aber noch nicht."[79]

Karl Hans Koizar erstellte unter Beteiligung Herbert Lederers das Drehbuch, Regie führte Ernst Aschenbrenner-Rieger. Mit der Produktion war die Neue Terta Film A. G. aus Zürich betraut, gedreht wurde zwischen Juli und September 1962. Geeignete Kulissen fand man in Währing, wo man das Biedermeierinterieur einer

---

75 H. G. S. [Hans-Gerd Sellenthin]: Österreich feiert seinen Nestroy, Berliner Stimme, 11. 8. 1962.
76 Zit. aus den Unterlagen Lederers im Ordner ... *doch nicht umsonst!*
77 Lederers Nestroy für TV, Schallplatte und Tournee, Expreß, 5. 9. 1962.
78 Jakob Links: Hundertmal im Ateliertheater, Der Rundblick, 30. 8. 1962.
79 Fester Bestand, Kleines Volksblatt, 21. 9. 1962.

Villa in der Haizingergasse nutzte, für Szenen unter freiem Himmel bot sich die Feldkellergasse in Hietzing an. Die neu gegründete Wiener Firma Prolog 63 produzierte schließlich eine Schallplatte, die sie unter dem Titel *Johann Nestroy. Über die Liebe und das Geld* noch im selben Jahr herausbrachte.[80]

Mit *... doch nicht umsonst!* fuhr Lederer kreuz und quer über Land und trat an den unterschiedlichsten Spielstätten auf, so am 24. Oktober im Bildungshaus von St. Pölten und drei Tage später im Wiener ‚Haus der Jugend' in der Zeltgasse. 30 Auftritte bestritt Lederer allein für das österreichische Bundesheer. In den Garnisonen Allentsteig, Mistelbach, Weitra und Mautern spielte er „im Rahmen der Truppenbetreuung" sein Nestroy-Programm, zuletzt am 27. November im Theatersaal der Fasangartenkaserne in Wien.[81]

Ende Oktober brach Herbert Lederer zu einem Gastspiel nach München auf. Die Max-Halbe-Gesellschaft veranstaltete am 25. des Monats einen „Österreichischen Abend für Nestroy" im Lenbachpalais. Auch hier begegnete man dem gegensätzlichen Charakterspiel mit Wohlgefallen und äußerte sich anerkennend über die Wandlungsfähigkeit des Schauspielers:

> Lederer ist ein genialischer Katalysator. Die teils grantigen, teils neckischen Pointen, die da aus Nestroys Gesamtwerk aufgelesen wurden, verschmelzen in Lederers faltiger Grüblermimik und in seinen räsonierenden Vokalorgien zu lebenstüchtigen Porträts. Zwei rechte, durchgewachsene Kerle stehen da auf der Bühne: ein biedermeierlicher Playboy zunächst, ein heiratsunwilliger Luftikus – und dann sein Hausknecht, ein verluderter Spekulant.[82]

Allerdings wurden mitunter auch recht merkwürdige Vergleiche gezogen. Der Nachhall von Helmut Qualtinger, der im April des gleichen Jahres fünf Wochen lang mit seinem Monodrama *Der Herr Karl* im Werkraumtheater hospitiert hatte, war offenkundig noch so stark, dass sich ein Beobachter an den schmarotzenden Magazineur im Feinkostladen erinnert fühlte und Affinitäten zu Lederers Figuren konstruierte, die jedoch willkürlich und aufgezwungen erscheinen: „Fern aller Politik, haben die beiden doch eine recht ausgefeilte Herr-Karl-Methode: Sich nur net engagieren. Mit Schlaumeierpfiff drücken sie sich durchs Leben", er konzedierte allerdings: „Wahrscheinlich hat Herbert Lederer seine Blütenlese-Monologe gar nicht so gemeint. Wahrscheinlich hatte er eine Huldigung an Nestroys Lebensweisheit im Sinn."[83]

Aus den Berichten in den Zeitungen lässt sich eine bestimmte Tendenz ablesen, die Rezeption des Programms betreffend. Offenbar wurden beide Figuren stark voneinander abweichend beurteilt. Während die Sympathien überwiegend

---

80 Lederers Ein-Mann-Nestroy im Fernsehen und auf Schallplatte, Österreichische Neue Tageszeitung, 5. 9. 1962. Laut eigenhändiger Notiz auf der Plattenhülle im Besitz Herbert Lederers dürfte sie im August 1962 erschienen sein.
81 Vgl. Der Soldat, 28. 10. 1962.
82 K. B. Fischer: Ahnen des Herrn Karl, Abendzeitung, 29. 10. 1962.
83 Ebd.

Ignaz galten, stufte man August mehrheitlich schwächer ein – so auch in
München:

> Der epigrammatische Fleckerlteppich des ersten Teiles („Die Lieb"), den
> Herbert Lederer in der Maske eines Biedermeierhallodris darbot, gelang nicht
> restlos überzeugend. Die Figur hatte zu wenig Umriß und geistige Kontur,
> als daß man ihr die Blütenlese brillanter Bonmots widerspruchslos abge-
> nommen hätte.
>
> [...]
>
> Dagegen war der zweite Teil („Das Geld") nicht nur einfühlsame Nestroy-
> Interpretation, sondern zugleich auch perfektes komödiantisches Theater.
> Als eckig-verschrobener Hausdiener Ignaz war Herbert Lederer in seinem
> schauspielerischen Element. Mit bewunderungswürdiger Sprachdisziplin
> und komischer Charakterisierungskunst schuf er eine Figur von praller
> Lebensfülle und verschmolz die verschiedensten Monologfetzen zu einem
> einheitlichen Ganzen.[84]

Vom 17. bis zum 18. November gastierte Lederer in Salzburg, die 150. Aufführung
von ... *doch nicht umsonst!* stand unmittelbar bevor.[85] Spielort war das Kleine
Haus des Landestheaters, damals im Kaisersaal der Residenz. Auch hier bereitete
Lederer als Ignaz besondere Freude. „Seine schlacksigen Beine, seine undiszipli-
nierten Bewegungen, das derbe Lachen über erprobte Schicksalsschläge, seine
sozialkritische Ironie, seine personifizierten Minderwertigkeitskomplexe als Diener eines reichen Hausherrn, seine Liebe zum guten Tropfen, war die Meister-
leistung einer routinierten Darstellung."[86] Viel später noch sollte sich Franz
Mayrhofer an den Antagonismus der Charaktere erinnern: „arrogant-spießig,
neureich und dümmlich im ersten und packend, erschütternd, rührend arm im
zweiten Teil seines Programms."[87]

Die Analyse der Stellungnahmen zur Aufführung in Salzburg zeigt ein
grundsätzliches Dilemma auf, das immer dann auftritt, wenn Künstler klassifi-
ziert werden sollen, die im Grunde in keine Rubrik passen und sich dem Denken
in bestehenden Kategorien verweigern. Das trifft für Herbert Lederer im Beson-
deren zu, der sich bewusst jeder Eingemeindung seines künstlerischen Schaffens
entzieht und sich Etikettierungsversuchen, welcher Art auch immer sie sein
mögen, widersetzt, weil diese verfälschen und einengen. Für ihn ist das Unter-
laufen solcher Ordnungen programmatisch, gewissermaßen auch ein subversiver
Akt, der insofern verstört, als er vorgefertigte Ordnungskonzepte negiert. Jemanden einzuordnen heißt, ihn zu verorten oder, wie es in der Salzburger Kritik
geschehen ist, ihn in einen Raster zu zwängen, in den er gar nicht hineinpasst.

---

84 -rt.: Zwischen Skepsis und Ironie, 8 Uhr-Blatt, 1. 11. 1962.
85 Vgl. Salzburger Tagblatt, 22. 11. 1962.
86 M. H.: „Die Lieb"' und „Das Geld" mit H. Lederer, Salzburger Tagblatt, 21. 11. 1962.
87 Franz Mayrhofer: Das Kontinuum Lederer, in: Theater für *einen* Schauspieler,
    S. 152 f., hier S. 152.

Lederer wurde nämlich vorschnell dem Kabarett zugewiesen. Die Presse tat damit einen unglücklichen Griff, denn die Zuweisung traf weder die Gattung noch erfasste sie die Intentionen Lederers, der grundsätzlich festhielt: „Ich bin kein Kabarettist. Das Kabarett muß aktuell sein, was eine rasche Arbeitsweise erfordert. ‚Brandneu' bin ich nicht, ich strebe eine Aktualität in anderem Sinne an. [...] Ein paar Mal ist mein Name in Bücher hineingerutscht, die sich mit Kabarett befaßten. Dort gehöre ich nicht hin. Auch nicht ins Deutsche Kabarettarchiv, das mich ausführlich zu dokumentieren versuchte."[88]

Letztlich nahm man den Nestroy-Abend Lederers in Salzburg zum Anlass für Kritik an örtlichen Gegebenheiten und instrumentalisierte ihn für eine bestimmte Absicht. Es sollte nämlich gezeigt werden, „daß der Raum und die Bühne für Kabarett und Kleinkunst sehr wohl geeignet sind, und das Interesse der Zuhörer bewies, wie gerade diese Sparte der darstellenden Kunst in Salzburg fehlt und auf sehr fruchtbaren Boden fallen würde."[89]

Das Nestroy-Gedenkjahr 1962 beschloss Lederer in Wien mit zehn Auftritten in Wondruschkas ‚Theater im Zentrum' in der Liliengasse, wo sich in den 1940er Jahren das ‚Wiener Werkel' befunden hatte.[90]

Für die Spielzeit 1963 legte Herbert Lederer ein neu gestaltetes Programmheft auf. Wiederum erwartete ihn sein Publikum in ganz Österreich. Nicht immer fand er es in den Theatersälen oder in der Aula einer Schule beziehungsweise Universität. Mitunter traf Lederer seine Zuschauer an für das Theaterspiel eher ungewöhnlichen oder unerwarteten Plätzen – darunter auch in einer Fabrik. Am 28. Jänner führte ihn der Weg nach Gmünd im Waldviertel – als Spielstätte fungierte die örtliche Kartoffelverwertungs AG.

Mitte Februar besuchte Lederer Linz und brachte im Redoutensaal sein Solo-Programm vor reichlich jugendlichem Publikum zu Gehör. Während man die Vermittlung des Zeitkolorits durch Kostüm, Bühnenbild und musikalische Umrahmung als durchaus stimmig empfand, gingen die Meinungen über das Prinzip der Spieltextgestaltung sowie die Interpretation Nestroys auseinander. Die *Volksstimme* bemängelte, dass „durch die Zusammenballung der Ausschnitte die Zwischentöne fehlten",[91] die *Oberösterreichischen Nachrichten* stellten gar eine „Plünderung der Werke" Nestroys fest und sahen in Lederers Darbietung einen neuerlichen Fall von in Mode gekommenen „Dichter-Enthauptungen".[92] Mit Bezugnahme auf eine Inszenierung des *Zerrissenen* am Landestheater (wohl im Zusammenhang mit dem Jubiläum im Vorjahr) sprach das Linzer *Tagblatt* von einer Segmentierung Nestroys und wies Lederers Methode zurück: „Man kann einen Dramatiker, einen Meister der szenischen Situation wie Nestroy, nicht dadurch nahe bringen, daß man die Bonmots aus seinen Werken irgendwie

---

88   Lederer: Im Alleingang, S. 184.
89   Salzburger Tagblatt, 21. 11. 1962.
90   Rudolf Weys: Cabaret und Kabarett in Wien, Wien–München 1970, S. 64–74.
91   f. ka.: Nestroy – zusammengeleimt, Volksstimme (Ausgabe Linz), 14. 2. 1963.
92   -J.L.-: Dann aber kam Ignaz, Oberösterreichische Nachrichten, 14. 2. 1963.

zusammenstoppelt und herunterläßt. Auf diese Art bräuchte man z. B. nur die Sentenzen aus Schillers Dramen aneinanderreihen, und man hätte einen Schiller-Abend ..." Im Hinblick auf den zweiten Teil schlug sie sogar moralisierende Töne an:

> Nach der Pause war er dann auf einmal Ignaz, und verlor sich in eine süffelnde und gröhlende derbere Komik, und keineswegs immer in eine solche, wie sie einer Jugendveranstaltung entspricht. Den eigentlichen Nestroy-Ton fand er nicht, und trotz der vielen abgebrannten Spritzkerzen des Witzes blieb die Sache fad und war schließlich so langweilig, daß sich etliche Kritiker zu einer vorzeitigen Flucht entschlossen; wohl ihnen! Die gedächtnismäßige und physische Leistung des Vortragenden seien wiederum anerkannt, auch die Passion, mit der er seinem Ideale dient.[93]

Wenig später war Lederer erneut in der Bundesrepublik Deutschland unterwegs. In der vogtländischen Stadt Hof beispielsweise spielte er im ‚Haus der Jugend'. „Mit nur wenigen Versatzstücken, einem Tisch, einem Schaukelstuhl, einem Schreibpult und einem Garderobenständer hatte Lederer das Heim eines Wiener Junggesellen aufgebaut, der im ersten Teil, am Morgen nach einer anstrengenden Nacht, seine Gedanken über die Liebe darlegt", berichtete ein Rezensent in der *Frankenpost* und fand besonders für Ignaz lobende Worte: „In diesem Monolog des grantigen, in der Art Karl Valentins linksdrehenden Dienstboten erreicht Lederer, wenn er Ignaz durch Alkohol zur Glückseligkeit gelangen läßt, einen Höhepunkt schauspielerischer Komik. Alle Einsicht in die eigenen Fehler bleibt vorübergehend, bleibt scheinbar umsonst."[94] Ein weiterer Beobachter bescheinigte Lederer dort eine „schauspielerische Glanzleistung":

> Man hätte ihm, ohne die geringste Langeweile zu verspüren, auch noch eine weitere Stunde zuhören können! Und was das Erstaunlichste ist: in diesen oft skurrilen Wortspielereien, dieser Fülle von Scherz, Ironie und sehr viel tiefer Bedeutung liegt heute noch so viel Zeitnahes, Allgemeingültiges, daß beinahe jeder Satz eine Pointe ist! Das ist freilich nicht zuletzt der ebenso hervorragenden Sprech- wie Ausdruckskunst Herbert Lederers zu danken. Und er macht das mit der unnachahmlichen Art des eingeborenen Wieners, ob er nun als ein begüterter Junggeselle und frauenvernaschender Hallodri über Liebe und Ehe philosophiert oder als dessen Hausknecht sich seine Gedanken über die Allmacht und die Tücke des Geldes von der weinbefeuchteten Seele redet. Die wenigen Zuhörer spendeten wohlverdienten herzlichen Beifall. Die nicht gekommen sind, haben ein künstlerisches Erlebnis versäumt.[95]

---

93 Dr. H. R.: Kein Nestroy-Abend, Tagblatt, 14. 2. 1963.
94 R. S.: Nestroy – die Liebe und das Geld, Frankenpost, 16. 2. 1963.
95 T. H.: Zwei Stunden Nestroy im „Haus der Jugend", Oberfränkische Volkszeitung, 16. 2. 1963.

Ende März weilte er in der Werkkunstschule zu Offenbach. Positiv wurden hier die Nahtlosigkeit des Textes sowie die stupende Verwandlungsfähigkeit Lederers hervorgehoben, dem „Höhepunkte lächelnder Weltweisheit und charmanter Schalkhaftigkeit"[96] gelungen seien. Von Mai bis Juni lassen sich mehrere Gastauftritte in den österreichischen Bundesländern nachweisen, darunter an einigen Schulen wie dem Bundesrealgymnasium in Lienz, wo er am 17. Mai in der Kleinen Aula spielte. „Die Werkstatt, in der die beiden urwienerischen Teile erdacht, gehobelt und zusammengestellt wurden, war eine improvisierte Bühne, von der Künstlergarderobe im Hintergrund durch einen Vorhang getrennt, belebt durch einige Stücke altwiener Kostüme von Erna Perger und musikalischen Tonbandeinlagen von Karl Heinz Füßl. [...] Beide Darstellungen gaben dem Schauspieler Gelegenheit, aus Nestroys großem Schaffen Knalleffekte herauszu- lösen und diese durch kunstvolle Wortgestaltung in bezwingend heiterer Gebärde zu verdichten", hieß es in einer lokalen Stellungnahme, die auch auf die Reaktionen der Zuschauer näher einging. Im Zusammenhang mit der Rolle des Ignaz sprach sie von „tiefgründiger Philosophie und einem Sarkasmus, die sich schließlich immer wieder in explosivem Humor und schallendem Gelächter entladen, das dem begeisterten Publikum wiederholt Tränen in die Augen trieb. Es gab in offenen Szenen wiederholt schon Applaus, der sich zum Schluß hin stürmisch steigerte".[97]

Am 25. Mai trat Lederer im Saal des Werkgasthofs in Eisenerz auf, Tage später in Landeck, weshalb das hiesige *Gemeindeblatt* eine Blütensammlung Nestroys abdruckte.[98]

Anfang Juli kam Lederer ins badische Gaggenau und gab ... *doch nicht umsonst!* als Veranstaltung des örtlichen ,Kulturrings'. Eine Pressestimme sah die Aufgabe Lederers in dieser Inszenierung darin, „Nestroy über bestimmte festumrissene Themen hinaus deutlich werden zu lassen", und ließ keinen Zweifel am hohen Stellenwert Nestroys innerhalb der Theaterdichtung und seiner unge- brochenen Aktualität:

> Die Bedeutung seines Werkes muß aber als so sehr tief angesehen werden, daß sie noch heute Bedeutung hat. Denn Nestroys Worte sind Worte der Wahrheit, wie sie nur gesagt werden können von dem, der nicht nur sieht und hört, der nicht nur verspürt und empfindet, sondern der auch denkt und urteilt.
>
> Genau diesen Eindruck sollte man an diesem Abend mit Nestroy-Interpret Lederer gewonnen haben. Trotz aller Heiterkeit, trotz aller verlaufenden Klamaukhaftigkeit, konnte eine tiefe Bedrückung nicht überspielt werden, die eigentlich den ganzen Abend im Saal herrschte. Wir wissen nicht, wie

---

96 Auftakt mit Wiener Humor, Offenbach-Post, 23. 3. 1963.
97 kn.: Herbert Lederer - ein großer Nestroy-Interpret, Osttiroler Bote, 23. 5. 1963.
98 Vgl. G. Z.: Doch nicht umsonst!, Gemeindeblatt für den Bezirk Landeck, 8. 6. 1963.

groß beim Publikum die Bekanntschaft mit Nestroy bereits war. Nach diesem Abend aber sollte sie bei denen, die dabei waren, sehr intensiv sein.[99]

Einen ganzen Monat lang spielte Lederer wiederum in München. Vom 20. August 1963 an gewährte ihm das ‚Theater unter den Arkaden' in der Maximilianstraße Gastrecht. Die *Süddeutsche Zeitung* hob die respektable Leistung sowie das für Nestroy aufgeschlossene und verständnisvolle Publikum hervor:

> Zugegeben: Ein dreistes, ein verwegenes Unternehmen! [...] Wenn also einer mit Mimenlust und Bienenfleiß wie Lederer, alles zusammenhängt, was Nestroy irgendwo zu den Themen „Liab" oder „Göid" philosophiert hat, so ergibt sich tatsächlich beinah „Figur" – wobei wir von unserem Nestroy-Wissen zum Teil, unmittelbar aber von der genialen Zündkraft des Nestroy-Idioms profitieren, so daß die aneinandergereihten Apropos nur selten überzogen erscheinen, zumal ja bei Nestroy die (monologische) Suada jedem sich zu Ende schweigenden Apropos als Wunschtraum innewohnt.[100]

Um Geld für den Umbau seiner käuflich erworbenen Mühle in Flachau zu verdienen, die er zu seinem ‚Theater im Pongau' ausgestaltete, gastierte Lederer zwei Sommer lang im Wiener Theater ‚Die Tribüne' und spielte dort Nestroy abwechselnd mit Fritz von Herzmanovsky-Orlandos *Der Gaulschreck im Rosennetz*. Am 12. August 1964 erfolgte hier die 300. Aufführung von *... doch nicht umsonst!*. ‚Die Tribüne' hatte 1953 Otto Ander gegründet; zuvor war das Souterrain des Cafés Landtmann kurzfristig die künstlerische Heimat für Harry Glöckner und Helmut Qualtinger gewesen, die hier ihre Bühne ‚Die kleine Opposition' eingerichtet hatten.

In der ‚Tribüne' kam Lederer mit Gerhard Woyda zusammen, der 1961 das Renitenztheater in Stuttgart begründet hatte. Woyda verschrieb sich von Anfang an dem literarischen Kabarett, er öffnete sein Haus für zeitpolitische sowie

---

99   dt: Ein literarisch bedeutsames Ereignis, Badische Neueste Nachrichten, 22. 7. 1963.
100 Hanns Braun: Lebensweisheiten von Lieb' und Geld, Süddeutsche Zeitung, 23. 8. 1963.

satirische Themen und lud wiederholt internationale Vertreter der Kleinkunst zu sich ein. Herbert Lederer kam im September 1965 für ein vierzehntägiges Gastspiel ans Renitenztheater. Rupert Skasa-Weiß, Feuilleton-Redakteur bei der *Stuttgarter Zeitung*, wohnte einer Aufführung bei und stufte die „Textextrakte" als gelungene Adaptionen ein, „die sowohl den Autor wie den Spieler Nestroy zufriedengestellt hätten." Im Renitenztheater war Lederer ein weiterer Erfolg beschert. „Nestroys dialektisch-ungeheuerlicher Witz, seine sprachartistischen Harlekinaden, fröhlich desillusionierenden Couplets, skeptisch-weisen Aphorismen, metaphorischen Kobolzschlägereien und urwüchsigen Boshaftigkeiten taten schnell das Ihre: man war zuletzt halt – hingerissen. Herbert Lederer, dem Missionar aus Nestroys Heimat, sei Dank dafür."[101] Besonders ansprechend fand man die Darstellung des Ignaz. „In dieser Szene kann Lederer sein ganzes Können zeigen. Hier ist nicht nur der Possenreißer Nestroy ausgezeichnet interpretiert, sondern auch jener Nestroy, der in seinen Witz beißende Gesellschaftskritik einpackte."[102]

Anfang der siebziger Jahre lief ... *doch nicht umsonst!* langsam aus. Binnen zwölf Jahren hatte Herbert Lederer damit zusammengerechnet 828 Aufführungen bestritten. Nun reifte in ihm der Plan zu einem neuen Programm, das aus dem bestehenden hervorgehen, sich aber doch in wesentlichen Punkten davon unterscheiden sollte: *Ein Narr'nhaus*.[103]

Einstweilen spielte Lederer aber ... *doch nicht umsonst!* weiter und bestritt damit oftmals das Rahmenprogramm bei verschiedensten Anlässen. Es genügen einige Beispiele, um die Heterogenität der Veranstaltungen zu illustrieren. Am 28. September 1973 trat er etwa im Stadtsaal in Krems auf, als der Literaturkreis ,Podium' das Symposium ,Herr Österreicher und die Literatur' abhielt. 1974 weilte Lederer im Februar bei den Bezirksbäuerinnentagen der Burgenländischen Landwirtschaftskammer, am 5. Mai brachte er Nestroy als Gastspiel des ,Theaters am Schwedenplatz' nach Weitra, Ende des Monats kam er ins Augustiner-Chorherrenstift Sankt Florian bei Linz. Am 24. Juli 1974 gab es eine Aufführung in der Villa Bachler-Rix in Sankt Wolfgang, ganz in der Nähe von Bad Ischl, dem Ort der Premiere 1962. Ein Kreis hatte sich geschlossen.

101 Ska [Rupert Skasa-Weiß]: Das Nestroy-Konzentrat, Stuttgarter Zeitung, 20. 9. 1965.
102 VZ: Ein-Mann-Nestroy, Stuttgarter Nachrichten, 18. 9. 1965.
103 Vgl. Lederer: Im Alleingang, S. 90 f.

3.

WIEN ANNO DAZUMAL

„Komödienblüten aus dem Biedermeier, gepflückt, zum Strauß gebunden und ergebenst überreicht von Herbert Lederer" versprachen die Wiener Festwochen 1968 in ihren Ankündigungen. Auf das Publikum wartete ein reichhaltiges Programm, das einen Streifzug durch das Altwiener Volkstheater und die Literatur unternahm. Der zeitliche Bogen erstreckte sich etwa von der Mitte des 18. bis zum späten 19. Jahrhundert, der Schwerpunkt lag allerdings bei Texten und Liedern aus dem Vormärz.

Blättert man in den handschriftlichen Vorarbeiten Lederers, so lassen sich darin mehrere Entwürfe und Alternativen für den Titel des Programms feststellen, die zusammengenommen den Grundgedanken dieser Produktion herausstellen. Lederer schuf eine Art „Altwiener Guckkasten", den „g'spaßige Leut' aus der Biedermeierzeit" bevölkerten, ein Panoptikum populärer Volkstypen und Vertreter spezieller, später teilweise ausgestorbener Berufe des Handels und Handwerks, die unzählige Male in Wort und Bild festgehalten worden waren.

In seiner bis dahin elften Produktion unternahm Herbert Lederer einen Ausflug in das „Wien anno Biedermeier", nach Alt-Wien, das vor allem die Unterhaltungsliteratur, die Operette oder der Film gerne als gefällige Kulisse verwendeten und als weltanschauliche Projektionsfläche benützten, um einen im Grunde imaginären Ort zu konstruieren, an dem gemütvolle Handlungen und kitschige Sujets zur urbanen Idylle verdichtet, das goldene Wienerherz und Wiener Wesen als Abbild idealen Lebens und Liebens schlechthin interpretiert werden durften.[104] Lederer beabsichtigte jedoch keineswegs eine Verklärung oder Verstärkung landläufiger Klischees. Er wollte vielmehr einen signifikanten Querschnitt durch die Sprachkultur,[105] Literatur und das Theater, wie sie im vormärz-

---

104 Vgl. W[illiam] E[dgar] Yates: The Image of the Biedermeier Age in Early-Twentieth-Century Vienna, in: The Biedermeier and Beyond. Selected Papers from the Symposion held at St. Peter's College, Oxford from 19–21 September 1997, hrsg. von Ian F. Roe und John Warren (= Britische und Irische Studien zur deutschen Sprache und Literatur 17), Bern u. a. 1999, S. 235–274; Arnold Klaffenböck: „In jedem Treppenwinkel blüht hier ein Roman." Diskurse von Alt-Neu-Wien in der Unterhaltungsliteratur 1860–1938, in: Alt-Neu-Wien. Ein Spannungsfeld der Konstruktion urbaner Identitäten, hrsg. von Monika Sommer und Heidemarie Uhl (in Druck); ders.: Ferdinand Raimund und das „Alt-Wiener Antlitz". Bilder urbaner Identität in der Unterhaltungsliteratur zwischen 1900 und 1945, in: Nestroyana 26 (2006), S. 148–164. Marion Linhardt: Ein ‚neuer' Raimund?! Alexander Girardis Rolle für die Alt-Wien-Rezeption, in: Nestroyana 26 (2006), S. 165–184.

105 Vgl. dazu etwa Sigurd Paul Scheichl: Hochdeutsch – Wienerisch – Nestroy. Nestroy und das sprachliche Potential seines Wien, in: Vom schaffenden zum edierten Nestroy. Beiträge zum Nestroy-Symposion im Rahmen der Wiener Vorlesungen 28.–29. Ok-

lichen Wien kultiviert worden waren, geben und darüber hinaus einen facetten-
reichen Fächer aus Humor, Satire und Witz, die hier damals in Blüte gestanden
hatten, aufspannen. Er fing etwas von der besonders die Nachwelt faszinierenden
Atmosphäre Alt-Wiens, „wie man es in der Vorstellung trägt", ein und spiegelte
„Biedermeiers Ergötzlichkeiten" wider, von denen Paul Wertheimer (1874–1937)
in seinem 1920 erschienenen Buch über das Theater Alt-Wiens berichtet, aus
dem Lederer einen Abschnitt auf der Rückseite des Programmheftes abdruckte:

> [...] die ganze Stadt scheint versunken in Musik und in derb lustige Theaterei.
> Humor und Theater war alles, der Alt-Wiener saftige Volkshumor, den man
> oft einen rüpelhaften Burschen gescholten hat. [...] Man hat übersehen: ein
> politisch gebundenes, mundtot gemachtes Volk tobte seine schlummernden
> Kräfte dort aus, wo es sie austoben durfte: in Witz und Zote und in spaßige,
> rabelaishaft gesteigerte Figuren. Thaddädl und Staberl, Würfel und Zwickerl
> sind die Karikatur gewordene Folgerung des Metternichsystems. [...] Spaß
> war alles, unter der Patronanz einer schmunzelnden Regierung, die ganze
> Stadt „ein Theater" mit dem Zensor als hämischen Schalknarren – nur der
> Spielberg dahinter war leider Ernst ...[106]

Die vielfältigen literarischen, publizistischen und musikalischen Textsorten jener
Zeit hielten mannigfache typisierte Protagonisten bereit, die, aus dem Wiener
Alltags- und Straßenleben gegriffen, Alt-Wien in Reinkultur zu vermitteln
schienen. Man deutete sie oftmals als Repräsentanten einer liebenswürdigen
Topografie und unwiderruflich versunkenen Lebenswelt, auf die Sehnsüchte
projiziert werden konnten. Angesichts einer als zunehmend unbefriedigend
empfundenen Realität dienten sie als heile, auf Papier gebannte Ersatzwelten,
in die man sich lesend zurückziehen konnte. Dabei wurde freilich mitunter der
Umstand außer Acht gelassen, dass die Gestalten nur mit Einschränkung die
jeweiligen gesellschaftlichen Gruppen und Milieus verkörperten. Sie waren in
erster Linie literarische Fiktion, „die ihre Glaubwürdigkeit daraus bezog, dass es
manche von ihnen tatsächlich gegeben haben könnte."[107]

Lederer baute seine Aufführung aus zwölf Stationen zusammen, wobei er
weniger bekannte Stellen mit zugkräftigen Passagen zu einer abwechslungsrei-
chen Mischung fügte. Am Beginn stand ein „Zettelträger" aus Ignaz Franz
Castellis (1781–1862) *Memoiren meines Lebens. Gefundenes und Empfundenes,
Erlebtes und Erstrebtes*, den Lederer mit dem Auftrittslied aus *Thaddädl, der*

tober 1992, hrsg. von W[illiam] Edgar Yates (= Wiener Vorlesungen. Konversatorien
und Studien 3), Wien 1994, S. 69–82, hier S. 70–72.
106 Alt-Wiener Theater. (Schilderungen von Zeitgenossen), eingeleitet und hrsg. von Paul
Wertheimer, Wien o. J. [1920], S. 17–19.
107 Christian Rapp: Wiener Typen. Zur Erfindung und Karriere eines Soziotops, in:
Alt-Wien. Die Stadt, die niemals war, hrsg. von Wolfgang Kos und Christian Rapp
(Ausstellungskatalog: Wien Museum/Künstlerhaus), Wien 2004, S. 142–150, hier
S. 142; vgl. überdies Otto Krammer: Wiener Volkstypen. Von Buttenweibern, Zwie-
fel-Krowoten und anderen Wiener Originalen, Wien 1983.

dreißigjährige ABC-Schütz von Karl Friedrich Hensler (1759–1825) gekoppelt hatte, gefolgt von einem „Lebemann" in Anlehnung an die Hauptfigur in Karl Meisls (1775–1853) *Der lustige Fritz oder Schlage, träume, stehe auf, kleide dich an und bessere dich.* Als Dritter kam ein „Gastronom", der sich auf Moritz Gottlieb Saphirs (1795–1858) *Der Hackelputz* berief, während der „Zuag'raste" aus den *Eipeldauer-Briefen* Joseph Richters (1749–1813) schöpfte. Die „Hausmeisterin" Frau Maxl stammte aus der *Vorlesung bei der Hausmeisterin* von Alexander Bergen (d. i. Marie Gordon, 1812–1863), hinter dem „Lausbub" steckte kein Geringerer als der fürwitzige Willibald aus Nestroys *Die Schlimmen Buben in der Schule.*

Der „Fiaker" Pumm aus Josef Alois Gleichs (1772–1841) *Die Reise mit dem Zauberwagen* eröffnete nach der Pause den zweiten Teil, ergänzt durch einen „Maestro", wofür Lederer das Crescendo aus Hermann Herzenskrons (1789–1863) *Der Gang ins Irrenhaus* verwendete. Der „Trau-mi-net" stellte einen Bräutigam aus Josef Ferdinand Kringsteiners (1775–1810) Posse *Die Braut in der Klemme* vor, während der „Herr Hofrat" ein Konterfei Franz Grillparzers (1791–1872) nach den Vorgaben in seiner *Selbstbiographie* enthielt. Für den „G'schaftlhuber" griff Lederer auf Adolf Bäuerles (1786–1859) Staberl aus der Lokalposse *Die Bürger von Wien* zurück. Abgerundet wurde das Programm durch den „Aschenmann" Fortunatus Wurzel aus Ferdinand Raimunds (1790–1836) Original-Zauberspiel *Der Bauer als Millionär.*

Karl Heinz Füssl begleitete Lederer am Klavier, Erna Perger spielte einen Schusterbuben, der die Szenenwechsel mittels Pantomime ausfüllte und die Zuseher in den Umkleidepausen unterhielt. Die Kostüme stammten aus dem Wiener Atelier Alfa.

INHALT

Die *Wiener Zeitung* lobte dieses komödiantische Biedermeierbukett, sortierte freilich Nestroys Willibald, den Lederer zunächst als fünfte Szene vorsah, dann aber definitiv als sechste Szene unmittelbar vor der Pause platzierte, aus den „schon etwas zu sehr strapazierten und noch dazu gar nicht so sonderlich gelungenen ‚Schlimmen Buben in der Schule'" aus: „Es handelt sich dabei doch um etwas vom Schwächsten, das Nestroy je produziert hat."[108]

Mit dieser Burleske hatte Direktor Karl Carl (1787–1854) sein neu errichtetes Theater in der Jägerzeile am 10. Dezember 1847 eröffnet.[109] Nestroy selbst war in die Rolle des ungezogenen Willibald Schnabel geschlüpft, eine Figur, mit der er bis zu seinem Tod eine seiner „darstellerischen Glanzleistungen"[110] bieten

---

108 B.: Bilderbogen mit Glanzstückln, Wiener Zeitung, 14. 10. 1970.
109 Franz Hadamowsky: Wien Theatergeschichte. Von den Anfängen bis zum Ende des Ersten Weltkriegs. Sonderband-Studienausgabe, hrsg. von Felix Czeike (= Geschichte der Stadt Wien III), Wien 1994, S. 501.
110 Fred Walla: HKA Stücke 25/I: Die schlimmen Buben in der Schule. Martha, Wien 2000, S. 234.

sollte. Nestroy legte damit ein Stück vor, welches die „Schule als Weltmodell"[111] interpretiert und in dem das Gären spürbar wird, das sich in den Revolutionen des Jahres 1848 entlud.[112] Es nimmt Bezug auf die Restaurationsära, in der sich das Haus Habsburg weiterhin auf das in der Pietas Austriaca verankerte Gottesgnadentum berief und am „Prinzip der monarchistischen Legitimität" festhielt, während die Heilige Allianz die europäische Ordnung stützte, die beim Wiener Kongress 1815 beschlossen worden war.[113] Die Symbolfigur dieser Epoche hieß Clemens Wenzel Lothar Fürst Metternich (1773–1859).

Liest man die Auseinandersetzung zwischen Willibald und seinem Lehrer Wampl als einen Konflikt um politisch-weltanschauliche Angelegenheiten, ausgeführt im klassischen Modell des Generationenstreits, entpuppt sich das Wechselspiel als ein versteckter Zwist zwischen den reaktionären Kräften des konservativen Establishments und jugendlicher Progressivität, aber auch Aggressivität gegenüber der erstarrten Ordonanz. Willibald erinnert in seinem übermütigen Auftreten und herausforderndem Benehmen entfernt an Grillparzers Küchenjungen Leon aus *Weh dem, der lügt!*, der sich gegen pedantischen Stumpfsinn und blinde Ergebenheit wehrt.

Die Pose Nestroys als boshafter Willibald ist durch zeitgenössische Darstellungen und Fotografien übermittelt, die Lederer als Anschauungsmaterial verwenden konnte. Insbesondere die in seinem Besitz befindliche Lithografie (1857) von Melchior Fritsch (1826–1889), die er in einem Antiquariat in der Jordangasse erworben hatte, diente ihm als vorzügliche Quelle für das Studium der Körperhaltung und Gestik Nestroys als Willibald, auch lieferte sie das Vorbild für das detailgetreu nachgestaltete Kostüm. Noch dazu hatte Lederer hierfür das entsprechende Foto von Hermann Klee (1820–1894) aus dem *Nestroy-Album*, das 1861 von der Kunsthandlung L. T. Neumann ediert worden war, konsultiert.[114]

Wie bei den anderen Szenen auch überbrückte Lederer in der Willibald-Stelle die einzelnen Wechsel mittels Einlagen, die auf den folgenden Auftritt Bezug nahmen. In diesen „Pausenfüllern" erhielt Erna Perger Gelegenheit, sich in die Inszenierung ihres Mannes schauspielerisch einzubringen, indem sie „die Begebnisse der vorangegangenen Auftritte parodierte und kommentierte, sogar in die Handlung eingriff."[115] In den Vorarbeiten Lederers hat sich die Niederschrift

---

111 Jürgen Hein: Johann Nestroy (= Sammlung Metzler 258), Stuttgart 1990, S. 87.

112 Vgl. allgemein John R. P. McKenzie: „Wie weit is es wohl von Mesopotamien bis in d' Leopoldstadt?" Zum geschichtlichen und kulturellen Hintergrund von Nestroys Revolutionsstücken, in: „Bei die Zeitverhältnisse noch solche Privatverhältnisse": Nestroys Alltag und dessen Dokumentation. Beiträge zum Nestroy-Symposium im Rahmen der Wiener Vorlesungen 19.–20. März 1997, hrsg. von W[illiam] Edgar Yates (= Wiener Vorlesungen. Konversatorien und Studien 10), Wien 2001, S. 15–45.

113 Vgl. Wolfgang J. Mommsen: 1848. Die ungewollte Revolution. Die revolutionären Begegnungen in Europa 1830–1849, Frankfurt am Main 1998, S. 18–42.

114 Vgl. Heinrich Schwarz: Johann Nestroy im Bild. Eine Ikonographie, bearbeitet und hrsg. von Johann Hüttner und Otto G[erhard] Schindler, Wien–München 1977, S. 49, Kat.-Nr. 5, S. 138 f., Kat.-Nr. 291, S. 140 f., Kat.-Nr. 299 f.

115 Lederer: Im Alleingang, S. 158.

jener Pantomime erhalten, die von dem
Gespräch der Frau Maxl zu Nestroys Willibald vermittelt und minutiöse Anweisungen
zum Ablauf dieser stummen Begegnung
zwischen dem Schusterbuben und dem
Schulknaben, die um ein Steckenpferd bal-
gen, enthält.

> [Beim] Beginn mit neuer Melodie der
> Musik reitet er wieder zur Bühnenmitte,
> der Willibald tritt auf und klopft dem
> Schusterbub auf die Schulter, um ihn
> aufzufordern mit ihm zu spielen. Der
> Schusterbub läßt den Willibald mit ei-
> ner wegwerfenden Bewegung stehen
> und will an ihm vorbeireiten, der greift
> nach dem Pferd, da schlägt ihm der
> Schusterbub auf die Hand. Der Willi-
> bald greift nach dem Pferd, Kampf um
> das Pferd, Bewegungen nach rechts
> und links, (viermal), dann Bewegungen
> vom Schusterbuben zum Willibald
> (viermal), wegstoßen den Willibald, beide erbost, Willibald legt sehr ener-
> gisch die Tasche weg, der Schusterbub legt sehr energisch das Pferd weg,
> beide boxen (nach Musik), Willibald stößt den Schusterbuben in Richtung
> Sessel, der Schusterbub dreht sich rasch um, beide gehen lauernd aneinander
> vorbei, starke wiegende Bewegungen von beiden, Schusterbub gibt Willibald
> eine Ohrfeige, Schusterbub geht weg und freut sich darüber, beide schleichen
> lauernd aneinander vorbei, Willibald faßt den Schusterbuben beim Hals und
> schüttelt ihn, dem Schusterbuben gelingt es dann endlich sich mit der Hand
> zu befreien. Willibald attakiert [sic] wieder den Schusterbuben, der stellt
> ihm das Bein, Willibald fällt nieder, der Schusterbub freut sich, geht auf die
> linke Bühnenseite und zeigt vor dem Abgang die lange Nase.[116]

Nestroy beschäftigt sich in seinen *Schlimmen Buben* wesentlich mit dem Ordo-
Prinzip: dem Gedanken einer gestörten und gefährdeten Ordnung besonders in
gesellschaftlicher, sozialer und ideologischer Hinsicht. Ähnlich wie Heinrich von
Kleist (1777–1811) in seinem Lustspiel *Der zerbrochne Krug* entzündet sich die
Kritik an öffentlichen Einrichtungen, die pädagogische und disziplinierende
Aufgaben erfüllen sollten, daher vorbildlich und integer auf die Sozietät wirken
müssten. Beide Male stehen Institutionen zur Disposition, da wie dort werden
Missstände und merkwürdige Gepflogenheiten ruchbar. Kleists Richter Adam

---

116 Zit. nach den Unterlagen Lederers, abgelegt im Ordner *Wien anno dazumal*.

gerät durch eine überraschende Revision in Bedrängnis, Nestroys Schulmeister Wampl durch ein plötzliches Examen, das der Gutsherr von Wolkenfeld persönlich vornehmen wird. Beide greifen zur List, um die Situation für sich zu retten – letztlich ohne Erfolg, allerdings mit unterschiedlichen Konsequenzen. Während Wampl zum sicheren Pensionsempfänger, sein Gehilfe Franz zum ordentlichen Lehrer und Schwiegersohn befördert wird, entzieht sich Adam durch Flucht der Verantwortung, sein Schreiber Licht nimmt provisorisch seinen Stuhl ein.

Die bestehende gesellschaftliche Ordnung bleibt formal zwar intakt beziehungsweise wird dort, wo sie angegriffen erscheint, durch den versöhnlichen Komödienschluss pro forma wieder hergestellt, die Glaubwürdigkeit und Vertrauenswürdigkeit der Figuren, die Karikaturen ähneln, ist bei Nestroy jedoch erheblich erschüttert. „Die Schule als Bild der Welt wird als *verkehrte* Welt enthüllt", wobei der auf Ausgleich bedachte Ausgang des Stückes keineswegs „die Offenheit der Satire verdecken" kann, sondern „die Prüfung und Auszeichnung als Farce hinstellt und auf Änderungen der bloßgestellten Verkehrtheiten dringt."[117] Wampl, der Gerechtigkeit und Prinzipientreue auf seine Fahnen schreibt, gibt sich als serviler Greis zu erkennen, der seine Pfründe sichern will und, bevor er Entscheidungen trifft, sorgfältig seine Abhängigkeiten und Vorteile abwägt. Er protegiert deswegen den unbegabten Sohn des Herrn von Wichtig, der als Gutsverwalter über den Verbleib Wampls an der Schule mitentscheidet und den Feudalherrn beeinflusst: „Und die Gerechtigkeit muß ex officio stockblind seyn. Die Allegorienerfinder haben ihr die Augen verbunden, warum? damit sie nicht sieht, wohin sich die Waagschale neigt, und rein thun kann was sie will." (HKA Stücke 25/I, 7. Szene)

In diesem System wechselseitiger Verbindlichkeiten und opportunistischer Lebenshaltung wirkt Willibald als Störfaktor – ein subversives Element und ein unberechenbarer Querulant, der seine Beobachtungen abseits der Norm eigenständig deutet, der Wahrheiten formuliert, wie sie nicht im Lehrbuch stehen. Willibald durchkreuzt die hier praktizierte Wissensvermittlung und widersetzt sich erfolgreich der Abrichtung zum Kadavergehorsam. Er triumphiert in jenem Moment, in dem gerade er, der sich als Einziger nicht korrumpieren lässt und die herrschende Infamie bloßlegt, die Aufmerksamkeit des tauben Gutsherrn erweckt und für seine respektlose Haltung durch Wolkenfeld noch ermunterndes Lob erhält.

Lederer bezieht in sein Programm lediglich jene Abschnitte aus den *Schlimmen Buben in der Schule* ein, in denen er als Willibald Schnabel vor sein Publikum treten darf. Nach dem Auftrittslied, das die Sinnhaftigkeit des Unterrichts und Lernens in Frage stellt, räsoniert er über seine Zukunft, die er sich rosiger ausmalt als die Gegenwart im Schulzimmer:

---

117 Jürgen Hein im Nachwort zu Johann Nestroy: Die schlimmen Buben in der Schule. Frühere Verhältnisse, hrsg. von Jürgen Hein (= Reclam Universal-Bibliothek 4718), Stuttgart 1996, S. 87–92, hier S. 89–92.

I wart' jetzt nur bis ich ein Jüngling bin, dann geh ich in die Welt, und das is g'scheidter als in die Schul. Die Welt is die wahre Schule, denn da lernt man Alles von selbst. In der Schul da muß man die Lectionen aufsagen, sonst is man dumm, wenn man aber in der Welt ein tüchtige Lection kriegt, so muß man still seyn, und gar nix dergleichen thun[,] dann is man g'scheidt. In der Schul' wird man alle Tage verlesen, in der Welt wenn man da ein Mahl verlesen is, so is es genug auf ewige Zeiten. In der Schul muß man ruhig seyn, in der Welt is es just gut, wenn man recht viel Lärm macht. [I]n der Schul habn s' extra eine Eselbank[,] in der Welt sind die Eseln auf allen Plätzen zerstreut. Darum herrscht auch nur in der Schule diese Indiscretion, daß [s'] eim sagen können, [„]marsch auf die Eselsbank['"]; in der Welt wenn ich in ein Gasthaus oder in ein Kaffeehaus geh' riskir' ich das nicht, oder wenn ich in ein Theater geh, da kann kein Sitzaufsperrer zu mir sagen „Ich bitt' Sie sind ein Esel, Sie g'hör'n auf diese Bank" (HKA Stücke 25/I, 4. Szene)

Willibald verblüfft mit tiefer Einsicht in die Kausalzusammenhänge, seine Antworten verraten eine höchst individuelle Sicht, die von den allgemein gültigen Definitionen abweicht. Auf eigenwillige und zugleich entlarvende Weise erklärt Willibald nacheinander die Begriffe Naturlehre, Firmament, Erde, Mond, Mathematik, Weltgeschichte, gipfelnd in der philosophischen Frage „Was is der Mensch?", wozu ihm schlagfertig einfällt: „Der Mensch ist das Wesen, welches die oberste Stufe in der sichtbaren Schöpfung einnimmt, und welches sich außerdem noch viel mehr einbildet, als wirklich dran is." (HKA Stücke 25/I, 10. Szene)

Dem Menschen sei es als einzigem Lebewesen vergönnt, mehrere Stadien der Entwicklung zu durchlaufen und Kennzeichen dieser verschiedenen Stufen gleichzeitig zu besitzen. Die zügellose Gier beim Genuss von Alkohol und Kaffee, die Kaltblütigkeit, Uneinsichtigkeit und Ahnungslosigkeit, die Unterwürfigkeit, die (Selbst-)Täuschung bzw. Borniertheit und nicht zuletzt die Gedankenlosigkeit und Dummheit ließen Parallelen zu den Gattungen Säugetier, Fisch, Wurm, Amphibie sowie Geflügel erkennen.

Die Schule mit ihren künstlich geschaffenen Verhältnissen scheitert an der Weltwirklichkeit. Sie legt falsche Maßstäbe an, die entweder nicht lebens- und realitätskonform sind, oder vermittelt Prinzipien und Maximen, die ethisch-moralisch fragwürdig wirken, wodurch Menschen zu asozialem und egoistischem Verhalten verleitet, zu einem rechtsbrecherischen oder unehrenwürdigen Lebenswandel angehalten werden. Im zweiten Couplet (20. Szene) relativiert Willibald den angeblichen Erfolg und Fortschritt durch Bildungs- und Erziehungseifer. Hingegen streicht er das Lächerliche all jener übereifrigen Ambitionen heraus und unterstellt in allen (Unterrichts-)Disziplinen – oder anders formuliert: Lebensbereichen – Rückständigkeit, so auch in der Schlussstrophe, welche sich der Schriftstellerei widmet:

Unter Schreibkunst thun s' Schönschreibekunst nur versteh'n,

Und vergessen den Grundsatz dabey: [„]G'scheit is schön[‟]
Drum schreib'n als wie g'stochen so schön viele Leut
Und im Grund schreibn s' halt doch nicht schön, denn sie schreib'n nicht
g'scheit.
Auch poetisch zu schreib'n versucht jetzt alt und Jung,
Und trotz Stahlfedern kriegt das Geschriebne kein Schwung.
Da werdn s' schiech, werfen 's Tintenfaß weg, Knall und Fall,
Und tauchen von nun die Feder in Gall;
Werdn satyrisch und bös, doch 's mißlingt jeder Trumpf,
Keine Feder schreibt spitzig, wenn der Schreiber is stumpf.
Drum [was drüber erscheint auch im Druck
In der Schreibkunst sind wir noch z'ruck.] (HKA Stücke 25/I, Szene 20)

AUFFÜHRUNGEN

Lederer trat mit *Wien anno dazumal* im Rahmen der Wiener Festwochen 1968
bei zweiundzwanzig Vorstellungen in fast allen Außenbezirken auf. Die Premiere
fand am 18. Mai in Liesing während einer Veranstaltung der Bezirksvorstehung
des 23. Bezirkes in der Erlaaer Straße 131 statt. Tags darauf gastierte Lederer
bei einer der Penzinger Bezirksveranstaltungen in Hadersdorf-Weidlingau. Bis
Anfang Juni schlossen sich weitere Aufführungen in Hernals (24. Mai, Bildungs-
heim Rötzergasse), Meidling (25. Mai, Festsaal Ruckergasse), Neubau (30. Mai,
Amtshaus Hermanngasse) und Landstraße (6. Juni, Amtshaus) an. Am 10. und
11. Juni spielte Lederer schließlich im Amalienkino in Favoriten.

Anschließend begab sich Lederer auf Tournee. Am 21. Mai weilte er, zum
vierten Mal, in Lienz. Aus seiner Darbietung im Kolpingsaal hob der *Osttiroler
Bote* ausdrücklich die Nestroy-Stelle hervor – „Als ‚Lausbub' in der Schule legte
der Komiker dar, daß die unbekannte Zahl x bei einer Rechnung gleich sei dem
Ausdruck ‚Schmeck's' und letztlich der Mensch dem Federvieh gleichkomme;
denn wenn er eine Feder in die Hand nehme, bleibe das Vieh übrig" – und sprach
von einer gelungenen Inszenierung:

> Der Abend war in seiner Art eine Glanzleistung des Wiener Künstlers, ließ
> das Leben von anno dazumal, wie es in der Literatur festgehalten ist,
> wirkungsvoll erstehen, selbstverständlich mit den vielen Sonn- und Schat-
> tenseiten. Man wußte die Schwierigkeiten mit Humor und Witz zu überbrü-
> cken, man lebte von heute auf morgen, man ließ den Herrgott einen guten
> Mann sein. Das hat Herbert Lederer in seinen Couplets und Szenen festge-
> halten und einem interessierten Publikum überreicht.[118]

Auf dem Weg in sein Sommerdomizil in Flachau legte Herbert Lederer einen
Zwischenstopp in Salzburg ein und trat am 24. Juni im Studentenheim Paracelsus
auf. Werner Thuswaldner berichtete ausführlich von dieser Aufführung in den

---

118 -rtn-: Ehe – ein „Hackelputz der Liebe", Osttiroler Bote Nr. 26 (1968).

Salzburger Nachrichten. Er sah ein besonderes Verdienst dieser Darbietung in dem Umstand, dass lediglich ein geringer Bestand aus der reichen Überlieferung des Altwiener Volkstheaters überdauert habe und gegenwärtig noch gespielt werde, abgesehen von jenen Stücken, die als Zeitkolorit obsolet geworden seien:

> Dagegen ist eine wesentliche Ursache das Fehlen von geeigneten Interpreten – ein Umstand, der zu Fehldeutungen und Verkitschungen von Raimund und Nestroy führt, wie man dies nicht selten beobachten kann. Man empfindet das umso stärker, wenn man einmal richtig erlebt hat, „wie es eigentlich richtig ist", was in diesen scheinbar verstaubten Texten steckt. Das Ein-Mann-Theater von Herbert Lederer kann dieses Erlebnis vermitteln! In seinem neuen Programm „Wien anno dazumal" zeigt Lederer nicht nur seine längst bekannte bedeutende Darstellergabe, sondern auch großes Geschick in der Programmauswahl. [...] Trotz der stark improvisierten Bühneneinrichtung und der Nüchternheit des Raumes entstand sofort hundertprozentige Theateratmosphäre. Die Wandlungsfähigkeit dieses Schauspielers ist hinreißend.[119]

In seiner dritten Saison in Flachau setzte Lederer *Wien anno dazumal* gemeinsam mit seinem neuen Mozart-Programm *Wolfgang Amadé schreibt Briefe* schließlich auch auf den Spielplan seines ‚Theaters im Pongau'.

> Das Läuten einer Kuhglocke kündigte den Beginn der Vorstellung an. Auf der eigenwillig dekorierten Bühne, auf der Stube, Straße und Garten in sinnvoller Anordnung ineinander übergingen, wurden zwölf kleine Komödienausschnitte aus dem Biedermeier [...] gezeigt. Subtiler Humor, atmosphärische Dichte, Sprachkultur und ein hohes Maß an mimischer Verwandlungskunst beherrschten die Szene.[120]

Während Lederer also für die Sommermonate eine feste Spielstätte im Salzburger Land besaß, fehlte ihm in Wien ein eigenes Haus, wodurch er gezwungen war, sich wechselweise in unterschiedlichen Theatern einzumieten. Auf Dauer war das ein unhaltbarer Zustand. Allein von 1960 bis 1970 musste er mit elf Produktionen auf neun verschiedenen Bühnen spielen. Finanzielle Überlegungen und praktische Erwägungen ließen bei Lederer den Entschluss reifen, sich endlich nach einer eigenen Spielstätte umzusehen. Die Liste jener Bühnen, auf denen er mit seinen Programmen seit seinem ersten Schritt in die Selbstständigkeit aufgetreten war, wies inzwischen eine beträchtliche Länge auf. Zu ihnen gehörten die ‚Tribüne' und das ‚Ateliertheater am Naschmarkt' sowie das ‚Theater am Parkring', darüber hinaus das ‚Nestroytheater' in der Josefgasse, in denen Lederer auch mit ... *doch nicht umsonst!* aufgetreten war, ferner das ‚Kaleidoskop' und

---

119 Werner Thuswaldner: Variationen des zeitlosen Hanswursts, Salzburger Nachrichten, 26. 6. 1968.
120 Margit Bachler-Rix: Komödienmühle im Pongau, Neue Illustrierte Wochenschau, 14. 7. 1968.

das ‚Theater am Börseplatz‘, nicht zu vergessen das ‚Theater im Zentrum‘, das ‚Theater im Palais Erzherzog Karl‘ und das ‚experiment am liechtenwerd‘.[121]

Nach längerer planmäßiger Suche in der Wiener Innenstadt fand Lederer im Haus Franz-Josefs-Kai 21, genannt ‚Küss den Pfennig‘, ideale Räumlichkeiten. Aus dem leer stehenden Magazin einer Apotheke ging nach erheblicher Adaptierung das ‚Theater am Schwedenplatz‘ hervor, das bis zur Schließung am 11. Juni 2006 fast 36 Jahre lang Herbert Lederers schauspielerische Heimstatt darstellen sollte.

Am 12. Oktober 1970 öffneten sich die Pforten. Durch den unscheinbaren Haupteingang gelangte das Publikum entlang eines leicht abfallenden Flurs an der Kasse vorbei in einen Vorraum, der zum Aufenthalt in den Spielpausen, für geselliges Beisammensein und Gespräche, aber auch für Ausstellungen vielseitig verwendbar war. Dahinter erst lag der Saal, der von der Konzeption her in der genuin Wiener Tradition jener sogenannten „Theater der 49“ stand, die während der Zwischenkriegszeit und erneut nach 1945 ihre Konjunktur erlebten. Sie stellten kleinere Spielstätten dar, die Zuschauerräume für höchstens neunundvierzig Personen bereithielten. Deswegen benötigten sie keine Konzession für den Spielbetrieb, sah doch das Wiener Theatergesetz Bewilligungspflicht und die Entrichtung von Gebühren erst dann vor, sobald die Zahl von fünfzig Zusehern erreicht oder überschritten wurde.[122]

Weil der Raum weder über eine fix installierte Bühne noch fest angebrachtes Gestühl verfügte, konnte Lederer uneingeschränkt experimentieren und die Anordnung aus den Bedürfnissen der jeweiligen Inszenierung ableiten. Er hatte den kargen Raum weitgehend eigenhändig ausgestaltet, den Plafond und die Wände mit Stoffbahnen oder Vorhängen drapiert, während fünfzig bemalte Gurkenkonservendosen die umlaufende Starkstromleitung kaschierten. „Wie schön ist das: ein neues kleines Theater!“, freute sich György Sebestyén (1930–1990) nach der Eröffnung. „Wie mutig! Ein Ergebnis der Monomanie Herbert Lederers? Vielleicht. Warum auch nicht? Wir sind allzu arm an solchen monomanischen Figuren.“[123]

Lederer nahm mit der überarbeiteten Fassung von *Wien anno dazumal*, das er in der alten Fassung zuvor noch bei Gastspielen in Linz am 17. März oder, auf Einladung des Österreichischen Kulturinstituts, in den Warschauer Kammerspielen am 21. April geboten hatte, den Spielbetrieb am Schwedenplatz auf. Er wich von seiner bisherigen Gepflogenheit ab, die Auftritte jeweils mit „Herbert Lederer bringt ...“ anzukündigen, sondern bezeichnete seine Programme fortan offiziell als „Herbert-Lederer-Produktionen“ mit laufender Nummerierung, wobei er freilich seine zehn Inszenierungen vor der Gründung des eigenen Theaters bei der Zählung mit berücksichtigte.[124]

121　Vgl. Lederer: Im Alleingang, S. 133.
122　Vgl. Walter Hills: „Theater der 49“, in: Neue Wege 4 (1949), S. 208.
123　György Sebestyén: Vormärz im Oktober, Kronenzeitung, 14. 10. 1970.
124　Vgl. Lederer: Im Alleingang, S. 28.

„Wiens jüngstes Einmanntheater entfaltet in seinem Eröffnungsprogramm einen gewissen Personenluxus: auf dem Podium tummeln sich zuweilen zwei Akteure, nämlich der Hausherr und seine Gesponsin Erna Perger, die eine Kreuzung aus Nummerngirl und Pausenclown darstellt",[125] wies Rolf Lang auf den Umstand hin, dass Herbert Lederer zum ersten Mal die Unterstützung seiner Gattin als Schauspielerin bei einer seiner Inszenierungen in Anspruch nahm. Viktor Matejka (1901–1993) hatte das über die eheliche Verbindung weit hinausreichende kongeniale Zusammenwirken von Herbert Lederer und Erna Perger liebevoll als „künstlerisches Konkubinat" bezeichnet und die Frau an seiner Seite als das Alter Ego „des Prinzipals und Hauptdarstellers"[126] charakterisiert.

Bei *Wien anno dazumal* entschied sich Lederer für „ein ganz seichtes, dafür sehr langes Podest", das ihm keine andere Möglichkeit bot, als „reliefartig zu spielen".[127] Von links nach rechts ergab sich eine Abfolge von drinnen nach draußen. Ein karg möblierter Salon, ausgeschlagen mit violetter Schleifchen-muster-Tapete und lila Gardinen, grenzte an eine mit Fenstern und Jalousien versehene Hauswand, gefolgt von einem grünen Vorhang, der den Zugang hinter die Bühne verdeckte. Anschließend erstreckte sich eine bröckelige graue Wand mit aufgeklebten Anschlägen, davor wuchsen langstielige Blumen. Von der Decke hing im Bereich des Zimmers ein Leuchter, während im Freien eine Soffitte (Wolke) schwebte.

Für das Ausbreiten des figürlichen Panoptikums und die darzustellenden Situationen hatte Lederer eine günstige Form gefunden. Das Agieren vor der breiten Wand bezeichnete die Kritik freilich insofern als problematisch, weil der Akteur dadurch „zum Ausspielen von Pointen, zu zerdehnten Szenenschlüssen" gezwungen gewesen wäre und „den Abgang darstellerisch decken"[128] musste.

Abgesehen von geringen Einschränkungen erhielt die Darbietung, gerade auch wegen des Bemühens um Authentizität bei der Wiedergabe und Vermittlung der Stimmung jener Zeit, viel Zuspruch. Insbesondere die schauspielerische Leistung hob man hervor, nicht ohne kulinarische Vergleiche zu scheuen:

> Lederer hat eine exquisite Textauswahl getroffen, die ein lebendiges Bild des Biedermeier-Theaters und damit jenes Nährbodens gibt, aus der Nestroy und Raimund wuchsen. Daß zum Teil echte „Rosinen", daß sich der „Strudel" zu dem sie verarbeitet wurden, als zäh erweist, liegt an einer puren Äußerlichkeit: Lederer wechselt für jede der insgesamt zwölf Szenen Kostüm und Maske. Die Pausen füllt zwar Erna Perger mit pointierten Schusterbub-Pantomimen, doch fehlt dem Abend trotzdem der Impetus. Der Untertitel des Programms [...] wird im letzten Teil nicht erfüllt: es wird kein Strauß aus den einzelnen Szenen. Dabei investiert der versierte Darsteller auch in die

---

125 Rolf Lang: Lederer in Dosen, Expreß, 14. 10. 1970.
126 Viktor Matejka: Die Ledererin, in: Lederer, Theater für *einen* Schauspieler, S. 44 f., hier S. 44.
127 Lederer: Theater für *einen* Schauspieler, S. 127.
128 Im Folgenden: Dr. Jürg: Rosinen mit zuviel Teig, Volksblatt, 15. 10. 1970.

interpretatorischen Details sein beachtliches Können, holt vor allem die nachdenkenswerten Nuancen großartig heraus, das Ironische, Kritische, Parodistische und, obwohl er nicht eben ein geborener Coupletsänger ist, auch deren Pointen.

Hans Heinz Hahnl zollte Lederer in der *Arbeiter-Zeitung* großen Respekt für seine bisherige Arbeit auf der Bühne und ging in seiner Besprechung detailliert auf das neue Programm sowie das Haus am Schwedenplatz ein:

> Der Herbert Lederer ist ein Phänomen. Vor zehn Jahren hat er mit seinem Einmanntheater angefangen und jetzt hat er vierzehn Programme im Repertoire, ein Sommertheater im Pongau und seit Montag [12. Oktober] ein Wintertheater in Wien. Zwei Theater für einen Komödianten! Begabung allein schafft das nicht. Da müssen sich schon noch andere, geschäftliche und organisatorische Talente zur Theaterbesessenheit schlagen!
>
> Die Waschküche, die er zu dem hübschen kleinen „Theater am Schwedenplatz" ausgebaut hat, steht auf altem Wiener Boden. Was lag näher, als es mit seinem Biedermeierprogramm „Wien Anno [sic] dazumal" zu eröffnen, das er in Wien bisher noch nicht gezeigt hat: Vierzehn Monologe und Couplets vom Zettelträger bis zum Aschenmann.
>
> Sagen wir es gleich zu Beginn: Das Haus ist noch nicht eingespielt, es hat noch keine Patina. Lederer hat diesmal die 49 Sessel in drei Reihen aufgestellt, die Bühne nimmt die ganze Längsseite des Kellerschlauches ein. Die Verwandlung in vierzehn Gestalten hat es nahegelegt, jeder gleichsam die eigene Bühne zu geben. Diese Idee ist ebenso verlockend wie jener andere Einfall, die Zwischenpausen für das Umziehen durch eine Schusterbubenpantomime zu füllen. Erna Perger, recte Frau Lederer, macht das reizend, aber zehn pantomimische Zwischenspiele sind viel. Der Abend zerdehnt sich etwas. Dazu kommt, daß der Kontakt zum Publikum hautnah ist. Daran muß man sich erst gewöhnen, Lederer ebenso wie das Publikum. Aber kommt Zeit, kommt Stimmung, davon bin ich überzeugt. Lederers großes Publikum wird da bald Abhilfe geschafft haben. Diese Anfangsschwierigkeiten soll man weder dem neuen Theater noch dem Programm allzu sehr anrechnen.
>
> „Wien Anno [sic] dazumal" dürfte das erste Programm sein, in dem Lederer sich nicht auf ein Werk oder eine Künstlerpersönlichkeit konzentriert. Nicht, daß seine Verwandlungskraft es nicht schafft, den Lebemann und den Gastronom, den Zuagrasten, die Hausmeisterin und den Lausbub, den Fiaker, den Maestro, den Trauminet und den Gschaftlhuber voneinander abzugrenzen, aber seine eigentliche Begabung liegt in der theatralischen Aufbereitung von Epischem und Biographischem. Er kann einen Roman spielen, eine historische Zeit imaginieren und einen Lebenslauf nachzeichnen. Couplets singen kann er auch, aber da sind andere ebensogut.
>
> Natürlich hat der Abend trotzdem seinen Reiz, von dem Verdienst gar nicht zu reden. Denn wer in Wien erinnert sich schon des alten Volkstheaters,

Raimund und Nestroy ausgenommen, seit es die Pawlatschen nicht mehr gibt? Was hat Lederer für verschollene Kostbarkeiten ausgegraben, von Hensler und Castelli, von Meisl, Bäuerle, Gleich und Kringsteiner, von Saphir, Alexander Bergen und dem Eipeldauer Joseph Richter! Da gibt es eine Musikerkarikatur von einem vergessenen Hermann Herzenskron, aus der Lederer ein wahres Kabinettstück macht, fast ebenso köstlich wie sein „Gastronom" oder die „Hausmeisterin". Und dazu die musikalischen Schätze von den zwei Müller, Wenzel und Adolf senior, die in Wien die Musik zur Komödie gemacht haben, und den anderen Kapellmeistern, die heute ebenso vergessen sind wie der Daniel Friedrich Reiberstorffer und sein von Monsieur Riette in Töne gesetzter „Wasserfall im Feenhain". Hier ist der Boden für Raimund und Nestroy bereitet worden, die im Programm natürlich ebensowenig fehlen durften wie Grillparzer. Karl Heinz Füssl betreut die Musik bestens am Klavier.

Also auf ins „Theater am Schwedenplatz". Das erste Wiener Einmanntheater mit seiner Minigalerie, in der zum Einstand Variationen über Lederer-Rollen von Anton Watzl gezeigt werden, ist eine Sehenswürdigkeit unter den Theaterkellern.[129]

Wien anno dazumal wurde am 2. September 1972 letztmalig im ‚Theater am Schwedenplatz' dargeboten.

---

129 h. h. h. [Hans Heinz Hahnl]: Verschollene Alt-Wiener Kostbarkeiten, Arbeiter-Zeitung, 14. 10. 1970.

4.
EIN NARR'NHAUS

Für seine einundzwanzigste Produktion entschloss sich Herbert Lederer zu einer vollständigen Überarbeitung seines ersten Nestroy-Programms ... *doch nicht umsonst!*, das ihm noch viel zu biedermeierlich wirkte und das er verbessern wollte. Auch wenn die Eingriffe in den Text und Erzählablauf massiv ausfielen und etwas Neues zustande kommen sollte, musste er nicht alles abändern. Bewährtes behielt er bei, darunter den zweiteiligen Aufbau sowie die beiden Protagonisten August Stein und Ignaz, die er jedoch charakterlich weiter zuspitzte. „Der junge Tunichtgut sollte noch dekadenter, der alte Ignaz noch saftiger werden."[130] Für seine „Suite von Monologen, Aphorismen, Couplets und Pointen" schöpfte er aus 64 Stücken Nestroys, allerdings schrumpfte das neue Programm von 1242 Textzeilen auf 994, wobei Lederer davon etwas weniger als ein Drittel austauschte und 17 neue ergänzte, um Übergänge zu bilden oder Motivationen plausibel zu machen. Die reine Spielzeit von ursprünglich 122 Minuten wurde gleichfalls verringert, dagegen nahm er fünf Liedstrophen hinzu.[131]

Den Titel gewann er aus dem Auftrittslied des Fabrikanten Kern in *Der alte Mann mit der jungen Frau*, wo es in der 2. Strophe heißt:

> Ich mach' Millionen Ziegeln z'Haus,
> 's Fallt einer wie der and're aus.
> Und baut auch Mancher wie a Narr,
> Wird der Ziegel doch nie Modewaar'.
> Reicht der Bau in d'Erden od'r in d'Luft,
> Wird draus a Sternwart' od'r a Gruft,
> A Narr'nhaus, od'r a Sitzungssaal,
> A Walhalla, od'r a Thierspital,
> Wird's Sitz des Elend's oder Glücks,
> Das ändert an die Ziegeln nix. (HKA Stücke 27/I, I,5)

Für die musikalische Umrahmung zeichnete in bewährter Weise Karl Heinz Füssl verantwortlich, die Kostüme lieferte Erna Perger. Die Bühnengestaltung, welche einen Querschnitt durch ein Haus vorstellte und einen Blick in einen Innenhof öffnete, stammte von Herbert Lederer. Selbst bei der Ausstattung erlaubte er sich keine Eigenmächtigkeiten oder Freizügigkeiten, sondern leitete sämtliche Details von Nestroys Texten ab. Mehrere Fotografien von Martin Kainz (*1926) bezeugen, wie stark sich Lederer an die Vorbilder bei Nestroy hielt und darum bemüht war,

---

130 Lederer, Im Alleingang, S. 91.
131 Vgl. ebd.

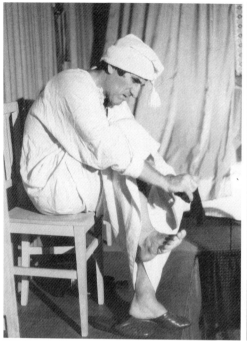

sie möglichst exakt umzusetzen. In jener Szene beispielsweise, in der Ignaz den übrig gebliebenen Kaffee seines Dienstherrn schlürft und dessen Kipferl verspeist, erinnert er an Semmelschmarrn in *Nagerl und Handschuh* (I,3) oder den Longinus in *Die Verbannung aus dem Zauberreich* (I,8). Der gierige Appetit und das Wohlbehagen, das Ignaz beim heimlichen Verzehr der verbotenen Genüsse verspürt, lassen gut verstehen, was es heißt, wenn jemanden wie Federl in *Die Papiere des Teufels* das „Gefühl einer gänzlichen Kaffeelosigkeit, einer totalen Kipferlentbehrung" plagt ...

Wiederum erwiesen sich Nestroys Monologe, die räsonierenden Betrachtungen und weitschweifigen Ausführungen der Figuren für die Adaptierung und Transferierung als recht ergiebig und besonders geeignet. Sie konnten aus den Stücken mühelos herausgenommen und im neuen Kontext miteinander verknüpft werden, ohne dadurch den originären Sinn zu entstellen oder dass Gedankenbrüche aufgetreten wären. Warum Lederer gerade diese Passagen mit Vorliebe auswählte? „In den Monologen ist der ganze Nestroy", erläuterte er diesen Umstand im Programmheft und mit Referenz auf Otto Forst de Battaglia (1889–1965), der festgehalten hatte:

Hier vor allem gewinnt er der Sprache die kühnsten Zugeständnisse und Eingeständnisse ab, die sie zu gewähren hat. Hier holt er aus dem doppelten, dem mehrfachen Sinn eines Wortes, einer Redensart tiefpsychologische

Erkenntnisse über Epochen, Nationen, Gruppen, Stände und Einzelwesen. In diesen Selbstgesprächen seiner Gestalten ringt er um den adäquaten Ausdruck seiner Gedanken. Hier bewährt er sich als der große Schriftsteller, dem es nicht nur um den Sinn seiner Werke geht, sondern vorab um deren Wortgestalt und damit um seinen persönlichen Stil, um das, was einzig einem Dichterwerk Wert und Dauer verbürgt.[132]

KRITIK

Am 2. Dezember 1974 erfolgte im ‚Theater am Schwedenplatz' die Premiere. „Diesmal hat sich Lederer dazu entschlossen, uns in den Gestalten von Herr und Hausknecht die oft doppelsinnigen Wortkaskaden und treffsicheren Augenblicksbilder Nestroys von den Zufällen und Eigenarten des menschlichen Daseins erleben zu lassen", erläuterte Jean Egon Kieffer die Inszenierung:

> Im Brennspiegel dieser beiden diametral entgegengesetzten Charaktere läßt er alle Facetten Nestroyschen Humors aufleuchten und liefert zugleich eine köstliche Studie über menschliche Sehnsüchte, Freuden und Leiden.
> Es ist eigentlich das ganze Leben und die Gesellschaft in diesen beiden

---

132 Otto Forst de Battaglia, Johann Nestroy. Abschätzer der Menschen, Magier des Wortes, Leipzig 1932; zit. nach der Neuausgabe: Johann Nestroy, München 1962, S. 178.

Figuren mit den ihnen in den Mund gelegten Nestroyschen Sentenzen eingefangen. Und mit schmunzelndem Erstaunen bemerken wir im Laufe dieses vergnüglichen Abends immer wieder, daß sich Wesen und Verhalten des Menschen seit den Zeiten Nestroys gar nicht so viel verändert haben.[133]

Hugo Huppert (1902–1982) verglich die Produktion mit seinem Vorläufer ... *doch nicht umsonst!* und führte etliche Bezugsquellen Lederers an:

> Hier läuft wieder einmal ein geschlossenes Panoramaprogramm: die szenische Version eines wenig bekannten Nestroy – mit allem Kniff und Pfiff seines biedermeierlichen Witzes. Herbert Lederer nennt diese Produktion Nr. 21 „Ein Narr'nhaus", und diese völlige Neugestaltung seiner [...] Suite von Monologen, Aphorismen, Couplets und Pointen, 1962 präsentiert unter dem Titel „Doch nicht umsonst", stützt sich nun auf 64 wenig oder gar nicht gespielte Bühnenwerke Nestroys, wobei die allgeläufigen Stücke wie „Jux", „Zerrissener", „Talisman", „Lumpazi", „Mädl aus der Vorstadt", „Zu ebener Erde ..." völlig beiseitegelassen wurden, hingegen die heute kaum noch bühnenpraktiblen Werke wie „Moppels Abenteuer" oder „Staberl im Feendienste" als Quellen brauchbarer Strophen, Pointen, Einzelpassagen findig ausgewertet worden sind.
> Ein Couplet mit dem Refrain „Aber's bleibt nöt [sic] dabei!" stammt aus der im ganzen recht schwachen Opernparodie „Marthe [sic] oder Die Mischmonder Markt-Mägde-Mietung", wirkt jedoch im neuen Gesamtkomplex prickelnd frisch und flink. [...] Staunenswert bleibt hierbei die Erkenntnis, wie naht- und zwanglos sich der neumontierte monologische Komplex gleichsam „von selbst" zusammenfügt, obwohl Lederer ein volles Jahr lang die 15bändige Rommel'sche Nestroy-Werkausgabe [...] durchkämmte, um nur ja nichts Brauchbares fürs neue Konzept ungenutzt zu lassen.
> „In der Szene mit dem Regenschirm", erzählt der Ein-Mann-Theatraliker, „sind Sätze aus zwei ganz verschiedenen Stücken zusammengetragen, die

133 Jean Egon Kieffer: Sehr vergnüglicher Abend, Wiener Zeitung, 5. 12. 1974.

zeitlich fast 20 Jahre auseinanderliegen; und dieses Wunder der Kombinierbarkeit geht darauf zurück, daß Nestroy ein überaus konsequenter, konzentrierter Denker war, der den witzigen Einfall auch nach sehr langem Zeitintervall wiederaufnehmen und weiterführen konnte, ohne den leisesten Bruch spürbar werden zu lassen." So rührt jeder Ausdruck, jede Wendung, jeder Satz der köstlichen Darbietung tatsächlich vom Schaffen Nestroys her, und nicht die kleinste Floskel eines Verlegenheits-Übergangs oder verbindenden Zwischentextes ist vonnöten gewesen.

Lederer hat konsequenterweise keine aktualisierenden Zusatzstrophen in die Couplets hineingeflickt, weil er mit Recht fand, daß alles an dieser Textkomposition ungemein heutig, brühwarm und zeitwirksam klingt, keiner künstlichen Aufmöbelung bedarf und im Hauptton seine Dringlichkeit anmeldet. Die dramatische Struktur von „Doch nicht umsonst" ist beibehalten. Im ersten Teil redet ein wohlhabender Vormärz-Junggeselle, ein nicht mehr ganz junger galanter wienerischer Bonhomme, mit seiner Zeit; im zweiten Teil rollt der Diener und Hausknecht des Erstgenannten, der brave alte Ignaz, die dringlichen Fragen seiner Existenz auf.

Zwei Klassen, zwei Standpunkte, im disharmonischen Wechselverhältnis aufeinander, modellieren das Relief der nachnapoleonischen Epoche. Es ist ein hoher Genuß, hierbei die expressive Technik Lederers – dem regietechnisch Erna Perger assistiert – einen Abend lang auf sich wirken zu fühlen, im Bann dieser suggestiven künstlerischen Interpretationskraft zu stehen, die dem Theater am Wiener Schwedenplatz sein höchst attraktives Gesicht gibt.[134]

Auch andere zeigten sich beeindruckt von der schlüssigen Darbietung und dem Einfühlungsvermögen Lederers in Nestroy, die einen vergessen ließen, dass es sich im Grunde um eine völlig eigenständige Produktion handelte:

Herbert Lederer lehrt einen immer wieder das Staunen: Seine Kenntnisse,

---

134 Hugo Huppert: Geglückte Nestroy-Monologe, Volksstimme, 5. 12. 1974.

sein Fleiß, sein literarisches und literaturhistorisches Fingerspitzengefühl und seine schauspielerische Besessenheit lassen immer wieder Programme gedeihen, deren Realisierung man im ersten Augenblick für unmöglich hält. Aber wenn man im Theater sitzt, applaudiert man. [...] Ob aus blütenweißem Nachtgewand, ob aus zerknittertem Hemdkragen: Es schaut immer eine echte Nestroy-Visage heraus, und quer aus der Rommelschen Gesamtausgabe ergießt sich eine täuschend echte Nestroy-Suada.[135]

Das *Neue Volksblatt* bezeichnete Lederers „sprachliche Prägnanz, seine Exaktheit in jedem Detail" als „schauspielerische Tugenden, die gerade Nestroy besonders zugute kommen. Bei aller glasklaren Vermittlung der Gedankenakrobatik machte er daneben aus dem Herrn und besonders aus dem Diener zwei Gustostückerln der Charakteristik – als kämen sie geradewegs aus einem Nestroy-Stück."[136]

Fritz Walden formulierte seine Gedanken über die Vorzüge des Ein-Mann-Betriebes am Schwedenplatz und sprach von einer erneuten Talentprobe Lederers als Nestroy-Darsteller:

Was Lederer allen Bühnen Wiens heute voraus hat: Er ist ein Ensemble, durch keinerlei Umbesetzungen bedroht. Der Dramaturg Lederer hat ganze Arbeit geleistet: Er jagt uns in satirischem Rösselsprung über das Schachbrett aus 64 Nestroy-Feldern als den Feldern eines wahrhaft königlichen Spieles: Wir schmunzelten anfangs und bogen uns zuletzt vor nie versiegender Heiterkeit. Und zwischendurch gruselte uns! Vor dem Augenzwinkern eines diabolischen Satirikers über anderthalb Jahrhunderte hinweg, der zugleich auch unsere Zeit wie kein theatralischer Zeitgenosse schaute.
Sodann stimmen der Regisseur, der Bühnenbildner und der Schauspieler Herbert Lederer ideal überein. Und was ist Lederer für ein Nestroy-Spieler – wer spricht da noch von einer bloßen Gedächtnisleistung?! Er ist als solcher der unserer Theaterepoche angepaßte Nestroy und Wenzel Scholz nachein-

---

135 Liselotte Espenhahn: Besessenheit und Fleiß, Kurier, 6. 12. 1974.
136 Nestroy à la Lederer, Neues Volksblatt, 7. 12. 1974.

ander. Aus seiner Bühnendisziplin allein ließen sich die Krönungsmäntel für ein Dutzend shakespearischer Königsmäntel zuschneidern. Herbert Lederer ist ein Theater, ein Wiener Phänomen geworden. Er ist zusammengewachsen. Und sein „Narr'nhaus" wurde ein Narrenschiff, das alle Segel setzt, vom Geniehauch des Königs Johann gebläht.[137]

Die solistische Arbeit mit Nestroy trug erste Früchte und wurde von Beobachtern als so gültig empfunden, dass sie Lederers Unterfangen, „Nestroy mit keinem andern Ensemble als sich selbst auf die Bühne zu bringen, quasi nach dem Nestroy'schen Motto: ‚Jetzt bin i g'spannt, wer stärker is: i oder i!'",[138] als verdienstvollen und innovativen Beitrag für die heimische Theaterlandschaft bezeichneten.

Er hat das Nestroy-Einmann-Theater kreiert, und er hat das mit so viel Verstand, Geschmack, Witz und komödiantischer Wendigkeit getan, daß man das *große* Nestroy-Ensemble nicht vermißte – mehr noch: daß Nestroy auf der Bühne immer wirklich präsent war – mit seiner geistigen Beweglichkeit und seinem durchdringenden Scharfsinn, mit seinem überwältigenden Wortwitz, der an geistige Equilibristik grenzt und Nestroy neben Abraham a Sancta Clara an die Spitze der Wortkünstler stellt, aber auch mit seinem Pessimismus und seiner „rußigen Seele".

Nicht zuletzt bewog der einstige Erfolg Lederer später dazu, *Ein Narr'nhaus* wieder in das Repertoire des ‚Theaters am Schwedenplatz' zu nehmen und auf den Winterspielplan 1974/75 zu setzen. Seit dem 20. Februar 1975 spielte er dieses Programm beinahe täglich bis in den April hinein alternierend mit seinem neu entwickelten Titel *Playboy Nestroy*.

---

137 Fritz Walden: Nestroy im satirischen Rösselsprung, Arbeiter-Zeitung, 5. 12. 1974.
138 Im Folgenden Alexander Witeschnik: Genius der Gemeinheit?, in: Theater für *einen* Schauspieler, S. 86 f., hier S. 87.

5.

PLAYBOY NESTROY

Das ‚Theater am Schwedenplatz' hatte sich zu einer ernst zu nehmenden Nestroy-Spielstätte gemausert. Am 7. Jänner 1975 hob Herbert Lederer seine zweiundzwanzigste Produktion aus der Taufe, die er *Playboy Nestroy* nannte und im Begleitheft als „eine Montage von Zitaten aus Stücken, Briefen, Tagebucheintragungen und nachgelassenen Notizen von Johann Nestroy" umriss. In einem Interview für das „Prominenten-Stenogramm" im *Kurier* begründete er Walter Müller gegenüber die Wahl des Titels so: „Erstens einmal reimt es sich. Das hat mir sehr gefallen. [...] Zweitens glaube ich, daß der Begriff Playboy doch ein sehr moderner ist – und modern fasse ich in diesem Programm auch die Texte von Johann Nestroy auf."[139]

Mit dieser Produktion wollte Lederer ausgetretene Pfade verlassen, versuchen, „Nestroy eines klischeehaften, falschen Großbiedermeierbildes zu entkleiden"[140] und ihn so modulieren, dass er dem 20. Jahrhundert entsprach. Wie aber konnte es gelingen, etwas in dieser Form eher Ungewöhnliches zu riskieren – gerade in Wien, wo trotz neuer Ansätze durch Karl Paryla am ‚Neuen Theater in der Scala' oder unter Gustav Manker (1913–1988) im Volkstheater ungebrochen die „Zuckerlveranstaltungen"[141] des Burgtheaters und „Biedermeier im Konditorei-Stil"[142] vorherrschten? Lederer selbst fühlte sich einem bestimmten „schauspielerischen Stil",[143] der sich bei Nestroy grundsätzlich bewährt hatte und in Wien üblich war, durchaus verpflichtet. Es lag ihm fern, damit willkürlich zu brechen, aber er war sich gleichzeitig bewusst, dass man den inzwischen erfolgten Veränderungen und dem Zugewinn an Theaterkenntnissen Rechnung tragen müsse. „Von Theaterleuten, die inzwischen Ionesco, Beckett und Handke darzustellen gelernt hatten, sollte man doch wirklich nicht verlangen, sich in Nestroy-Stücken wie ihre Vorgänger zur Zeit Metternichs zu benehmen. Sollten wir es wirklich verleugnen, daß wir inzwischen Stanislawskij, Brecht, Freud und Marx gelesen haben? Niemandem würde einfallen, den *Faust* heute zu spielen, wie es unter der Direktion Goethes in Weimar üblich war. Selbst der resistente Salzburger *Jedermann* bietet sich jetzt anders dar als in Reinhardts ursprünglicher

---

139 Sonntag-Kurier, 24. 8. 1975.
140 Lederer im Programmheft zu den ‚Europäischen Wochen' Passau, Juli 1976.
141 Paul Blaha in: Gustav Manker 1913–1988. Bühnenbildner, Regisseur, Theaterdirektor [Begleitheft zur gleichnamigen Gedächtnisausstellung im Volkstheater, Oktober 1998], Wien 1998, S. 3.
142 Maxi Tschunko: Nichts hat mich so nervös gemacht wie Rüscherlkostüme, in: 100 Jahre Volkstheater. Theater Zeit Geschichte, hrsg. von Evelyn Schreiner, Wien–München 1989, S. 250.
143 Siehe im Folgenden Lederer: Im Alleingang, S. 92–93.

Inszenierung. Ich glaube, man sollte auch bei Nestroy keine Ausnahme machen", erläuterte Lederer seine Beweggründe, Nestroy abseits von bisherigen Sehgewohnheiten und Normen vorzustellen.

Schließlich reizte es ihn auch, mit Nestroy etwas Neues auszuprobieren. Doch wo sollte er ansetzen? In die Texte einzugreifen, verbot sich von selbst, abgesehen von der bislang von ihm praktizierten und erfolgreichen Methode der Zitat-Collage. Im Übrigen hatten die Texte nichts an Bedeutung verloren, sie waren nach wie vor aktuell, unterhaltsam und kritisch gleichermaßen. Hier brauchte man nichts zu verbessern oder dem veränderten Zeitgeschmack zu opfern. Das galt gleichfalls über weite Strecken für die Couplets, welche bissig genug und ausreichend pointiert waren, um noch immer mühelos ihre Zuhörer zu erreichen. Diese Lieder, wusste Lederer, „hatten sich dem Darsteller Nestroy unterzuordnen", weshalb er von den Komponisten, mit denen er zusammenarbeitete, „gebieterisch ein Eingehen auf seine Worte, bei denen es mehr auf den Rhythmus als auf die Melodie ankam", verlangte. „Sie sollten nicht, wie bei Raimund, melodiös einschmeichelnd ins Ohr gehen, sondern das Publikum mit ihrer aggressiven Dynamik anspringen."

Damit beließ Lederer das Textliche, also das an Nestroy Unverzichtbare, unverändert, rückte jedoch dem Zeitkolorit akustisch zu Leibe. Lederer holte Nestroy ins 20. Jahrhundert, indem er anstelle der „altwienerischen Dreivierteltakte"[144] frühen Jazz ertönen ließ. Sein Unterfangen ähnelte den Versuchen von Karl Kraus, der Nestroy für sein ,Theater der Dichtung' lediglich durch „Zeitstrophen" aktualisierte, das Textcorpus jedoch nicht antastete.

Lederer strebte keine radikale Erneuerung an – sonst hätte er Nestroy konsequenterweise im Duktus der siebziger Jahre halten müssen –, sondern eine behutsame Modernisierung, besser noch eine Adaptierung, die den Seh- und Hörgewohnheiten der Gegenwart besser entsprach. Der Grundgedanke war einfach: Nestroy führt ein Selbstgespräch in seinem Direktionsbüro und artikuliert dabei jene Lebensanschauungen und Maximen, die der Dichter in seinen Stücken festgehalten, seinen Figuren in den Mund gelegt hat. Um ihn zeitlich näher an die Gegenwart zu schließen, schob Lederer Nestroy um 70, 80 Jahre an das Publikum heran und siedelte ihn in einer Epoche an, in der Foxtrott oder Jimmy en vogue waren.

Lederer besprach sich zunächst mit Karl Heinz Füssl, einem Schüler Hanns Eislers (1898–1962), der die Durchführbarkeit dieser Idee zunächst bezweifelte. Aber Lederer war von der Richtigkeit seiner Sache überzeugt und ließ sich nicht abhalten. Er besaß bereits ganz konkrete Vorstellungen darüber, welche Musik für sein Vorhaben in Frage kommen konnte: ganz früher Jazz. Beraten und ermuntert von Axel Melhardt (*1943), der 1972 den Club Jazzland ins Leben gerufen hatte, entschied er sich dafür, Tonwalzen aus der Zeit vor dem Ersten Weltkrieg anzuhören. Er war verblüfft, wie gut die Texte Nestroys dazupassten

---

144 Lederer im Programmheft der ,Europäischen Wochen' Passau, Juli 1976.

und sich mit Ragtime kombinieren ließen. Der Balanceakt nach dieser, so Lederer, „unerhörten Entdeckung, dass die Lyrik Nestroys von einer derartigen Musikalität ist, zu der wahrscheinlich viele Arten von Musik passen", darunter auch Jazz, bestand eigentlich darin, zwei an sich fertige und in sich geschlossene Dinge – Nestroys Couplettexte auf der einen, die Songs auf der anderen Seite – so zusammenzufügen, dass sie organisch wirkten. Jetzt war auch der anfangs skeptische Karl Heinz Füssl von der Wirksamkeit dieser eigentümlichen Kombination überzeugt. Lederer entschied sich für folgende Auswahl:[145]

1.) Wahrheitscouplet
    „Es heißt: die Wahrheit wird heut net viel geacht't von die Leut'"
    mit der Pfeif-Passage „Alle sag'n die Wahrheit, die reine volle Wahrheit"
    Musik: Original Rags (Scott Joplin)
2.) Schicksals-Couplet
    „Denn das Schicksal, das is klar, spielt mit uns oft sonderbar"
    Musik: Backwater Blues nach Bessie Smith, Piano-Bearbeitung: James P. Johnson
3.) Theater-Couplet
    „Es gibt Häuser, wo beständig die Töchter lachen ganz unbändig"
    Musik: Vampin Liza Jane (Marian Dickerson, Piano: James P. Johnson)
4.) Dummheit-Couplet
    „Gegen die Dummheit so war's zeitlebens kämpfen die Götter vergebens"
    Musik: Mister Joe (Jelly Roll Morton)

Pause

5.) Kan Grund
    „Einer geht den ganzen Tag spazieren. Jeder fragt: wie kann der existieren"
    Musik: Entertainer (Scott Joplin)
6.) Das sind die Geheimnis von Wien
    „Neulich war ich im Theater, hab ein Stück ang'schaut, da is vorne auf der Bühne ein klein's Hütterl baut"
    Musik: The Grave (Jelly Roll Morton)
7.) Schluss-Couplet – Verheiratete Leut'
    „Es haben zwei miteinander gehabt einen Zank, und seitdem sind sie vor Haß und vor Bosheit ganz krank"
    Musik: Powder Rag (Birch)

Das Kostüm orientierte sich an der Mode der 1920er Jahre, als Requisiten benützte Lederer, wie eine penibel geführte Auflistung in den Vorarbeiten verrät, einen „Stock", „Handschuhe", „Spielkarten (r. Tasche)", „4 Briefe unter Telefon", eine „Füllfeder neben Telefon", „Zeitungen l. unten", ein „Hochzeitsbillett (in der

---

145 Angeführt nach zwei Listen Lederers, abgelegt im Ordner *Playboy Nestroy*.

PAUSE; 1. Tasche)" sowie ein „Taschentuch (Brusttasche)".[146] So ausstaffiert, stellte er den Theaterdirektor Nestroy vor – nach Carls Tod hatte Nestroy das Leopoldstädter Theater gepachtet, dessen Leitung er am 1. November 1854 übernahm und bis zum 31. Oktober 1860 ausübte –, den der Schriftsteller, Schauspieler und Verleger Leopold Rosner (1838–1903) charakterisierte:

> Ein Theaterdirektor, der die zur Aufführung eingereichten Komödien liest und beurteilt, der das Repertoire feststellt, Stücke inszeniert, am Regietische sitzt, Proben leitet, Schauspieler dressiert, Anordnungen betreffs der Dekorationen und Kostüme trifft, dann wieder Aufträge wegen neuer Engagements erteilt u. dgl., ein solcher Theaterdirektor war Johann Nestroy nicht. All dies widerstrebte nicht nur seinem innern Wesen, er hatte auch nicht die Befähigung dazu. Nestroy hat [...] nie eines seiner Stücke in Szene gesetzt! Er memorierte seine Rollen fleißig, kam pünktlich zur Probe, wo er sich meist ruhig verhielt und jeden, der ihm den Weg vertrat, artig um Entschuldigung bat. Er folgte unverdrossen allen Anordnungen des Regisseurs, der ihn manchmal recht derb anließ, und am Abend spielte er bravourös.[147]

146 Handschriftliches Verzeichnis auf Briefpapier des ‚Theaters am Schwedenplatz‘, abgelegt im Ordner *Playboy Nestroy*.
147 Leopold Rosner: Fünfzig Jahre Carl-Theater (1847–97). Eine Rückschau, Wien 1897, S. 17; zit. nach: Nestroys Werke. Auswahl in zwei Teilen, hrsg., mit Einleitung und Anmerkungen versehen von Otto Rommel, Berlin u. a. O. J., S. LXXX.

Doch Lederer reflektierte nicht nur den Berufsmenschen Nestroy, den Schauspieler, den Theaterverantwortlichen, den Geschäftsmann, welcher über Kunst und Schauspiel spricht, Kollegen beurteilt und das Intrigantentum unter Thalias Fittichen beklagt, sondern gleichfalls den Privatmenschen, der sich leidvoll über Liebe, Heirat und Ehe äußert, die Heuchelei und Blasiertheit in seiner Umgebung bedauert, dessen Erwartungen Menschen gegenüber zwischen Misstrauen und pessimistischer Ablehnung schwanken und ihn zu zynischen Betrachtungen veranlassen. Schließlich kommt er auf die letzten Dinge zu sprechen, insbesondere sein Verhältnis zum Tod, das er wie Dominick in den *Papieren des Teufels* auf den Punkt bringt – „ich hör schon das Gras wachsen in welches ich beißen werd [...]" (HKA Stücke 18/II, I,2) –, bis hin zu der ausgeprägten Angst davor, lebendig begraben zu werden. Dementsprechend illusionslos fällt seine Lebensbilanz aus, die er mit Stixlmann aus *Der Tod am Hochzeitstage oder Mann, Frau, Kind* teilt:

> Ich hab das Leben von allen Seiten probirt. Ich war Bauer, Räuber, und Bedienter, aber überall ist Müh und Plag. Ich sag's, es gibt kein Glück, keine Comodität für einen jungen Mann. Die Weibsbilder haben's halt gut auf der Welt, keine Sorg, kein gar nix. So lang sie jung sind freylich, geben wir ihnen keine Ruh. Aber ein altes Weib, das lebt halt in einer prächtigen Bequemlichkeit dahin. Ein altes Weib möcht ich seyn, dann wär ich der glücklichste Mann auf der Welt (HKA Stücke 1, I,19).[148]

In der Rolle des Theaterleiters Nestroy hielten einige Künstler Herbert Lederer fest. Es zeichnete ihn der Wiener Maler und Grafiker Ernst Zdrahal (*1944), während der aus Gmunden gebürtige Bildhauer Peter Paszkiewicz (*1943) eine eindrucksvolle Büste modellierte.

KRITIK

Wurde Lederers Ansinnen, Nestroy dort zu entstauben, wo sich Patina angelegt hatte, und die ungebrochene Modernität dieses Satirikers in einer der Gegenwart gemäßen Tonart zu vermitteln, verstanden und angenommen? Um es vorwegzunehmen – ja und nein. Aus den Berichten in den Zeitungen waren beide Seiten zu hören: jene Beobachter, bei denen die Inszenierung helles Entzücken und begeisterte Zustimmung hervorrief, aber auch jene, welche Lederers Darbietung nicht nachvollziehen konnten oder sogar vehement ablehnten.

Karl Maria Grimme erkannte Lederers Absicht zu beweisen, dass Nestroys Sicht der Welt keineswegs, wie oft fälschlich angenommen wird, „an das Biedermeier gebunden" wäre, und sprach ihr eine gewisse Überzeitlichkeit zu:

> Die Texte werden uns tatsächlich zeitlich nähergerückt, wir spüren aber auch, daß sie *vor* dem Grauen zweier Weltkriege und ihrer Folgen entstanden sind. Das heißt, das Infernalische wirkt zugleich – in erstaunlicher Antithese – liebenswürdig. Was sich bei dieser Darbietung an attraktiver Menschenbeobachtung und Weltbetrachtung beinahe explosiv drängt, steigert nur noch die Hochachtung vor Nestroy.[149]

Hans Heinz Hahnl würdigte das scharf gezeichnete Profil Nestroys, das Lederer mit Hilfe von schriftlichen Zeugnissen des Autors auf der Bühne skizzierte:

> „Er hat mit großer Kennerschaft einen Nestroy montiert, der sich zweifellos am meisten ähnlich sieht: den menschenverachtenden Menschenkenner. Eines bedingt das andere, schließt aber Witz, Lebensgenuß nicht aus. Wenn man will, kann man auch Zyniker sagen. Er war es in seiner anfälligen Mischung aus aggressiver Satire und privater Schüchternheit, sozialem

---

148 Die Stelle ist im Programm, anders als das Zitat nach der HKA, stärker noch auf Nestroy zugeschnitten.
149 Karl Maria Grimme: Heiter bis satirisch, Die Furche, 18. 1. 1975.

Scharfblick und reaktionärer Gesinnung. Ein Kulinarier, dem es vor der Mitwelt gegraust hat. Die Genies kriegen alle eine Maske umgehängt, die den Umgang mit ihnen erleichtert, da wird also der Mozart der Wolferl, der Haydn der senile Papa, aus Beethoven der närrische Titan und aus Nestroy ein wienerischer Alleinunterhalter. So lange ist das noch gar nicht her, daß Karl Kraus und in seinem Gefolge dieser und jener uns andere Dimensionen dieses Nestroy gezeigt haben. Lederer macht auf der Bühne deutlich wie selten zuvor den witzigen Misanthropen sichtbar, den genießenden und mitfühlenden Menschenverächter. Sein Nestroy ist nicht zu schroff und nicht zu weich: er ist scharf nuanciert.

Der Titel „Playboy Nestroy" will natürlich von dem Nestroy-Klischee ablenken. Auf die neue Musikbegleitung hinweisen, die mit der Müllerei Schluß macht und die Couplets auf Jazzmusik der zwanziger Jahre rhythmisiert. Und sie paßt nicht nur großartig, sie löst sie auch aus dem Wiener Ton, der ihre Giftigkeit zu sehr umschmeichelt. Der gewandelte Rhythmus verstärkt das satirische Profil der Couplets. Das Wienerische kommt deshalb nicht zu kurz. Es wird in den Monologen reichlich nachgeholt.[150]

Der Lyriker und Kulturjournalist Arthur West (eigentlich Rosenthal, 1922–2000) hakte beim Namen der Produktion ein und erklärte, warum Lederer auf Jazzmusik ausgewichen war und die Biedermeier-Atmosphäre vermieden hatte. Außerdem bewertete er diese Inszenierung als eine singuläre, geradezu wegweisende Leistung:

> „Der Programmtitel trägt; und trägt mit Absicht: Die scheinbare Verharmlosung trägt das Ihre dazu bei, daß die Schlagseiten des geist- und erkenntnissprühenden Zeitkritikers Nestroy um so wirksamer treffen. Schon darin hebt sich die Bedeutung von Herbert Lederers neuester Ein-Mann-Gestaltung gegenüber einer Theaterlandschaft ab, die Nestroy (rai-)mundgerecht auf-

---

150 Hans Heinz Hahnl: Der mitfühlende Menschenverächter, Arbeiter-Zeitung, 10. 1. 1975.

zubereiten beliebt, um von ihm – heute noch! – nicht voll getroffen zu
werden.

Lederer montierte Nestroy-Passagen, aus Stücken, Briefen und nachgelassenen Skizzen klug ausgewählt, zu einem nahtlosen, verblüffend aktuellen
Ganzen, das keinerlei äußere Handlungsvorwände benötigt.

Er tut noch ganz anderes: Er, der in seinem Wiener Theaterchen am
Schwedenplatz „den Herrn Theaterdirektor J. Nestroy" sein gedankliches
Feuerwerk abbrennen läßt, porträtiert ihn szenisch in spielerischer Snobge-
wandung der frühen Jazz-Zeit. Und Nestroys Couplets unterbreitet er, im
Text vollauf originalgetreu, nicht etwa in den üblichen Melodien, sondern
vom Ragtime-Piano begleitet, zu Rags und Blues von der Jahrhundertwende
bis zu den zwanziger Jahren!

Mit diesem Geniestreich völliger Verfremdung enthebt sich Lederer nicht
einfach der ebenso unsinnigen wie undankbaren Aufgabe einer Nestroy-
Imitation oder Nestroy-Rekonstruktion, sondern bewirkt durch die zeitliche
wie örtliche „Verpflanzung" den schlüssigen Nachweis von Nestroys Gül-
tigkeit weit über alles Lokalbedingte, weit über alles Biedermeierliche und
Nachbiedermeierliche hinaus. Und bewirkt zusätzlich eine entscheidende
zusätzliche Dimensionierung von Nestroys gesellschaftskritischer Aussage:
Denn diese gilt nun, da sie mit dem „goldenen Wienerherz" von Anno
Metternich gleich auch jene gleichfalls gern als „golden" bezeichneten und
äußerlich so anders gearteten zwanziger Jahre der USA (und der USA-Ko-
pierung) gründlich entgoldet, dem Bürgersinn und dessen verlogenen Idyllen
schlechthin. Dahinter gespenstert es höchst sinnfällig.

Und ganz nebenbei werden vollsynchronisiert gleich zwei heutige Nostal-
gie-Wellen gründlich zerzaust.

Daß Bedeutsamkeit die Unterhaltsamkeit nicht schmälert, sondern erst zum
richtigen Genuß erweitert: auch das beweist diese Lederer-Formung, die
niemand versäumen sollte.

In der Interpretation mancher Nestroy-Aphorismen wären vielleicht doch
einige „bösartige" Temporaffungen nützlich, gelegentliches plötzlicheres
Zuschlagen des Worts! Allzu schwer wiegt aber dieser Einwand nicht. Lederer
hat an und für Nestroy eine Pionierleistung vollbracht.[151]

Doch es gab auch jene, die falsche Erwartungen gehegt und Lederers Einstudie-
rung missverstanden hatten. Aus den teils gereizten, fallweise angriffigen Kom-
mentaren wird selbst aus der Rückschau noch deutlich, dass diese Aufführung
damals imstande war, zu polarisieren. Lederer irritierte insbesondere jene, die
Nestroy aus Gründen der Erbpflege und Pietät vermutlich lieber unter den
Glassturz gestellt, folglich konserviert, als frischer Luft ausgesetzt hätten. Aus
Missbehagen gegenüber dem Ungewohnten empfanden sie Lederers Eingriffe als
Gewaltanwendung gegenüber Nestroy, die subtile Verfremdung als Verstoß

---

151 Arthur West: Nestroy mit neuer Dimension, Volksstimme, 10. 1. 1975.

gegen die herrschende
Konvention und den „gu-
ten" Geschmack, die musi-
kalische Note als aufge-
pfropft, die Darbietung
selbst als Provokation.

Lederer versucht auch,
in seinem Programm-
vorwort Absicht und
Methodik seiner
Nestroy-Verwandlung
darzulegen und zu be-
gründen. [...] Und so
stellt er den Theaterdi-
rektor Nestroy mit
Girardihut, pepitabun-
tem Sakko, greller Krawatte und in Schuhen mit weißen Gamaschen nebst
dem obligaten Knopfstöckchen, kurzum als einen Feschak aus jenen Tagen,
da die Broadwayrevuen in aller Welt Furore zu machen begannen, auf sein
literarisches Kellerpiedestal.
Aber wenn er [...] die [...] Glossen, Aphorismen und wortverdrehenden
Aperçus [...] auf seine Zuhörer niederprasseln läßt, wird man leider den
Eindruck nicht los, daß dieses Bemühen in eine weder dem Wesen Nestroys
noch dem seines Interpreten Lederer entsprechende verkrampfte Lustigkeit
mündet. Ein Empfinden, das sich noch verstärkt, wenn Lederer bei den
zahlreich eingestreuten Couplets nach den Klängen älterer Jazzrhythmen
Hüften schwingend und Arme schwenkend wie ein Revuestar über die Bühne
tänzelt.
Gerade weil wir das künstlerische Gewissen, die Ambition und das schauspielerische Können Herbert Lederers hoch schätzen, kann man diesem
Programm nur mit Einschränkung zustimmen. Wobei wir uns bewußt sind,
daß Lederer absichtlich zu seiner alternierend laufenden und in gewohnten
Bahnen angesiedelten Nestroy-Darbietung „Ein Narr'nhaus" einen Kontra-
punkt schaffen wollte.[152]

Renate Wagner sah zwar die Notwendigkeit einer zeitgemäßen Adaptierung
Nestroys, fragte sich jedoch, ob das Ablegen des Biedermeier-Korsetts hier zum
Erfolg geführt hatte:

Aber wo war der Gewinn? Die Texte sind Nestroy, aktuell auf jeden Fall,
wo er Gültiges in seine paradoxen Wortwitze kleidete, aber in der Zwanzi-
ger-Jahre-Umgebung doch eher befremdlich wirkend. Und das Wenige an

---

152 Jean Egon Kieffer: Lederer bleibt bei Nestroy, Wiener Zeitung, 12. 1. 1975.

Handlung, das sich aus den autobiographischen Zitaten von Nestroy entwickelte, paßte schon gar nicht dorthin: daß die Demoiselle Vogel die
Genoveva spielen soll, wie der Herr Theaterdirektor entscheidet, war halt
doch nur im Biedermeier möglich ...
Man begreift, daß Lederer auf der Suche nach optisch-akustischen Kontrast-
rahmen zum „Narr'nhaus" war, und wenn er mit dem „Playboy Nestroy"
auch keinen überzeugenden gefunden hat, so blieb doch das Essentielle
bestehen: der von ihm wieder einmal vorzüglich, mit ganz wenigen Brüchen
zusammengekleisterte Text, der Nestroy eben als echten Nestroy zeigte. Und
bei diesem ist auch der Schauspieler, wie man wieder feststellen konnte,
bestens zu Hause.[153]

TOURNEEN

Wie mit den Nestroy-Produktionen zuvor fuhr Lederer auch mit *Playboy Nestroy*
durch Österreich. Am 27. April 1975 trat er beispielsweise in der Alten Schule
von Micheldorf bei Atzenbrugg auf, am 5. Juni reiste er nach Innsbruck, wo er
in Ernst Paars ‚Theater am Landhausplatz' gastierte. Im Anschluss spielte er zwei
Abende lang im Heim des Österreichischen Gewerkschaftsbundes in Kufstein.

Herbert Lederer hat in einer verblüffenden, fantasievollen Art Theater
gemacht und sich als dynamischer Routinier im Unterhaltungsgenre be-
währt, er hat mit wenig Aufwand in Szene gesetzt. Nur mit zielsicherer
Vorbereitung und einem inneren Verhältnis zum Satiriker Nestroy konnte
Herbert Lederer Zitate, Briefe, Notizen und Theaterstücke Nestroys in eine
Harmonie bringen. Dank seiner dramatischen Kenntnisse, seiner physischen
Präsenz, seinem Instinkt für die Ökonomie, der künstlerischen und techni-
schen Mittel, seinem Sinn für Rhythmus und Melodie war es möglich,
Nestroys kritischen Zeitgeist lebendig werden zu lassen. Was uns bleibt, sind
nicht die Thesen, nicht die Schlüsselsätze, sondern die Einzelheiten, und
sind nicht die Gedankenspitzen[,] sondern die Melodien der Gedanken.
Herbert Lederer machte sich's, wenn auch kokett, schwer, doch er wußte das
Schwerste dem Genuß zuzuführen. Das wird ein überzeugtes, zweifelndes,
nachwachsendes und zukünftiges Publikum immer empfinden.[154]

Aus Anlass der Ersten Internationalen Nestroy-Gespräche in Schloss Rothmühle
und der dritten Nestroy-Spiele in Schwechat trat Lederer am 3. Juli in der
Körnerhalle auf, ehe er sich in sein Sommerdomizil in Flachau begab.
Das ‚Theater im Pongau' hielt für die Spielzeit 1975 zwei Produktionen
bereit. Vom 10. Juli bis zum 21. August wurde im Wechsel neben Nestroy das

---

153 Renate Wagner: In ungewohntem Milieu, Neues Volksblatt, 14. 1. 1975.
154 Playboy Nestroy, Kufstein aktuell, Nr. 9 (Juli 1975).

neu erarbeitete Horváth-
Programm *Die Menschen
und die Leut* geboten, in der
ein Trafikant sein bewegtes
Schicksal erzählt und sich
dabei auf Prosa-Stellen,
darunter aus *Jugend ohne
Gott, Der ewige Spießer*
oder *Ein Kind unserer Zeit*,
stützt. Eine Spielanleitung
stellte die sogenannte *Ge-
brauchsanweisung* Hor-
váths dar.

Von Flachau aus un-
ternahm Lederer Abstecher
in entfernter liegende Ort-
schaften, etwa in den oberösterreichischen Markt Weyer, wo er am 22. Juli im
Hotel Post auftrat, oder er kam mit Nestroy zu unterschiedlichen Veranstaltungen
wie dem 2. Holzbildhauer-Symposium auf Burg Klammstein in Dorfgastein am
6. August. Den Höhepunkt des Jahres 1976 stellte sicherlich ein Gastspiel in Rom
dar. Anlässlich des fünfzigjährigen Bestehens der Vereinigung der Österreicher
in Rom inszenierte Lederer am 8. Juni *Playboy Nestroy* in der Aula der Deutschen
Schule, Via Savoia 15, spielte aber auch im Österreichischen Kulturinstitut.

Während der Festspiele ‚Europäische Wochen' bestritt Lederer im Juli drei
Aufführungen im Passauer Stadttheater, die von der Lokalpresse beachtet wurden. „Playboy Nestroy' mag zwar ein recht effektvoller Titel für einen Nestroy-
Abend sein, zutreffend war er nicht, und es wäre auch schlimm gewesen, wenn
der geistreiche Österreicher um eines sich reimenden Gags willen zum Playboy
degradiert worden wäre", bemerkte ein Berichterstatter zum Titel des Programms,
um weiter auszuführen:

> Das ist Herbert Lederer in seinem Soloauftritt zweifellos ohne Verkramp-
> fungen gelungen. Nestroy war keineswegs der gmüatliche Weana Gschpa-
> settelmacha, für den ihn nicht nur viele heutige Gelegenheitsnestroyaner
> halten, sondern auch Theaterleute, die ihn inszenieren oder spielen [...].
> Freilich – ganz frei von der Biedermeierlichkeit seiner Epoche konnte er sich
> nicht halten; darüber täuschen auch keine Ragtime-Rhythmen hinweg, mit
> denen Lederer die „aggressive Dynamik von Nestroys Texten" zu moderni-
> sieren suchte. Nestroy kann indes nichts dafür und würde sich gewiß darüber
> freuen, daß ihn die Zeit in manchem überholt hat. In „manchem"! Viele
> seiner Angriffe auf menschliche Schwächen [...] sind heute nicht weniger
> aktuell als damals.
> Obwohl Herbert Lederer den ganzen Abend auf der Bühne allein bestritt,

wirkte seine kabarettistische Nestroy-Interpretation dank seines schauspielerischen Talentes und dank der eingeschobenen Couplets niemals langat-
mig.[155]

Für das ‚Fest in Hellbrunn‘, welches im Umfeld der Salzburger Festspiele stattfand,
arrangierte der Regisseur Oscar Fritz Schuh ein reichhaltiges Programm, das auf
vier Abende und auf mehrere Schauplätze im weitläufigen Gelände verteilt war.

Im Carabinierisaal des Schlosses trat Playboy Nestroy auf. Da hat sich
Herbert Lederer für sein Ein-Mann-Theater etwas höchst Merkwürdiges
einfallen lassen. Er trägt eine Mischkulanz aus Nestroy-Texten vor und
gebärdete sich dabei mit gestreiftem Sakko und Hut als Lebemann aus den
zwanziger Jahren. Dem Zeitstil entsprechend singt er die Couplets nicht
nach der Musik von Wenzel oder Adolph Müller, sondern nach Dixieland
und Blues, und einmal versucht er sogar Tanzschritte nach dem Muster Fred
Astaires.[156]

Anfang Oktober 1976 spielte Lederer im Villacher ‚Kellertheater‘ seine „Montage,
die er selber ausgewählt und auch szenisch gestaltet hat. Sparsamst, versteht
sich, was selbstredend der pointiert-logischen Sprache Nestroys, die einem
Seziermesser gleich in die menschlichen und auch allzumenschlichen Verhältnisse hineintaucht, um sie als Sprachperlen vor das Publikum zu werfen, äußerst
dienlich ist. Äußerst dienlich ist auch das Exterieur des Herrn Lederer, der in der
Maske des Spötters vorzügliche Ähnlichkeiten entwickelt.“[157] Am 18. Oktober
setzte er *Playboy Nestroy* wieder auf den Spielplan im ‚Theater am Schwedenplatz‘
und behielt das Programm bis zum Jahreswechsel bei.

Zur Würdigung von Nestroys 175. Geburtstag gab Lederer am 6. Dezember
einen Abend im Grazer Schauspielhaus, der vermutlich aus den weiter oben
bereits erwähnten Gründen bei der Kritik wenig Gefallen fand. Die Aufführung
sei „mehr Nekrolog als sprühender Geburtstagstoast“ gewesen, hieß es an einer
Stelle, „von bösartiger Witzigkeit oder attackierender Ironie ganz zu schweigen“,[158] während ein anderer Beobachter bedauerte: „Daß gar so wenig vom
Pfiff und Pfeffer des kaustischsten aller Satiriker auf die Darbietung Lederers
abfärbte, steht auf einem anderen Blatt.“[159]

Tags darauf ehrte Herbert Lederer Nestroy mit der Darbietung seines Programms im eigenen Haus am Schwedenplatz, wo gleichzeitig die Ausstellung

---

155 Peter Hutsch: Nestroy – weder Playboy noch Biedermeier, Passauer Neue Zeitung,
   14. 7. 1976.
156 Werner Thuswaldner: Vom Krokodil bis zum echten Molière, Salzburger Nachrichten,
   9. 8. 1976.
157 Horst Ogris: Herbert Lederer: Ein Mann, ein Theater, Kleine Zeitung, 7. 10. 1976.
158 Walter Titz: Herbert Lederer in Graz – „Playboy Nestroy“ – ein trauriger Geburts-
   tagsgruß, Neue Zeit, 8. 12. 1976.
159 Franz Landsteiner: An Nestroys Wesen soll die Welt genesen, Kleine Zeitung, 8. 12.
   1976.

‚Lederer spielt Nestroy' eröffnet wurde. Die Künstlerin Lucia Kellner (*1932) zeigte Zeichnungen und Aquarelle, die sie großteils während der Nestroy-Vorstellungen Lederers im ‚Theater am Schwedenplatz' angefertigt hatte. Zuvor war im Herbst bereits Lederers Nestroy-Buch *Funken der Heiterkeit* erschienen, das Ernst Zdrahal illustriert und Wulf Stratowa in seiner ‚Manutiuspresse' in 999 Exemplaren aufgelegt hatte, eine Zusammenschau von Bonmots, Aphorismen und satirischen Weisheiten Nestroys.

1977 trat das Ehepaar Lederer eine insgesamt zwei Jahre dauernde Gastspielreise an, praktisch zweimal um die Welt durch alle Kontinente. Zunächst ging es durch die Vereinigten Staaten über die Länder Mittelamerikas bis nach Südamerika. Natürlich führten sie auch Nestroy im Reisegepäck und brachten ihn in die Neue Welt. Um genau zu sein: Nestroy war dort bereits Jahrzehnte vor ihnen angekommen, als nämlich nach dem ‚Anschluss' Österreichs an Hitlerdeutschland politische Flüchtlinge, rassisch Verfolgte und heimatlos Gewordene hierher emigriert waren, um ihr Leben zu retten, um interimistisch oder sogar dauerhaft eine neue Bleibe zu finden. Teilweise hatten sie Nestroy mit ins Exil genommen, und besonders in den Hafenstädten entlang der Küsten, wo es größere Anteile deutschsprachiger Bevölkerung gab, bildeten sich innerhalb dieser Exilantenkreise bescheidene Voraussetzungen für die Rezeption und die Beschäftigung mit Nestroy auf der Bühne oder in der Publizistik. Auf diese Weise wurde Nestroy zu einem Stück Heimat in der Fremde. „Wir spielten Theater aus Hunger nach einer sprachlich verständlichen Kultur", erklärte der Autor Alfredo Bauer (*1924), der 1939 nach Argentinien emigrieren musste, wobei Nestroy insbesondere für Vertriebene Wiener Herkunft nostalgische Bedürfnisse befriedigte und für manche auch eine Möglichkeit der Identifizierung, nicht zuletzt der politisch-ideologischen Orientierung bot.[160]

Lederers Tournee waren Einladungen von US-amerikanischen Philologen vorausgegangen, die mitunter Jahre zuvor den Schauspieler im ‚Theater am Schwedenplatz' gesehen hatten. Dazu gehörte auch der aus Wien gebürtige, 1938 emigrierte Germanist Herbert Lederer, der seinen Namensvetter durch eine Verwechslung kennengelernt hatte.

Das Österreichische Kulturinstitut übte die Schirmherrschaft für die Gastspiele in Amerika aus, die in New York ihren Ausgang nahmen. Am 6. Oktober

---

160 Vgl. Horst Jarka: Nestroy im Exil, in: Nestroyana 21 (2001), S. 42–71, hier S. 48.

fand das Schauspielerpaar Lederer gastfreundliche Aufnahme in Storrs bei Professor Lederer. Hier an der University of Connecticut konnte in Verbindung mit dem Austrian Institute in New York und dem American Council for the Study of Austrian Literature eine Aufführung von *Playboy Nestroy* vor Studenten und Hochschullehrern realisiert werden. Im November wiederholte Lederer im Qualia Room des Foreign Languages Building der Texas Tech University seinen Auftritt, den das American Council for the Study of Austrian Literature finanziell ermöglicht hatte.[161] Die Aufführungstermine führten kreuz und quer durch Nordamerika, Herbert Lederer spielte in Kanada, darunter in Montreal und Toronto, sowie in insgesamt 38 Bundesstaaten der USA. Auftritte gab es beispielsweise im Shell House von Chicago und im weiter südlich gelegenen Champaign, ferner an der Staatsuniversität von Iowa oder in Atlanta. Weitere Zwischenstopps legte er an der California State University in Fullerton, in Berkeley und Riverside ein. In New Mexico trat er in Albuquerque anlässlich einer Österreich-Woche auf. Die Tournee bestritt das Ehepaar Lederer übrigens im eigenen Wagen, den es sogleich nach seiner Ankunft in New York gekauft hatte. Weihnachten 1977 verbrachten die beiden in Mexico City, eine Nebenroute führte sie nach Cuernavaca.

In der Hauptstadt von Guatemala bot das ‚Teatro Aleman' der Deutschen Schule zusammen mit der Assoziation ‚Alejandro von Humboldt' die Rahmenbedingungen für eine Aufführung am 26. Jänner 1978. Im ‚Colegio Humboldt' zu Caracas in Venezuela stellte Lederer am 9. Februar seinen *Meier Helmbrecht*, am 10. des Monats *Playboy Nestroy* vor. Nach Kolumbien weitergereist, spielte er am 15. beziehungsweise 17. Februar im ‚Colegio Andino' zu Bogotá.

Als nächstes Ziel steuerte Herbert Lederer Brasilien an. Anfang März kam im ‚Colégio Humboldt' von Santo Amaro „unter der Schirmherrschaft des Österreichischen Generalkonsulats in São Paulo"[162] ein Theaterabend zustande, weitere Aufenthalte legte man in Rio de Janeiro und Brasília ein. Außerdem gastierte Lederer am ‚Teatro Universitário' in Curitiba, wo er Herzmanovsky-Orlandos *Der Gaulschreck im Rosennetz* (14. März) sowie *Playboy Nestroy* (16. März) gab.[163] Die Veranstaltung kam durch das Zusammenwirken der Konsulate Österreichs, der Bundesrepublik Deutschland und der Schweiz sowie durch Unterstützung des ‚Förderkreises für deutschsprachige kulturelle Angelegenheiten' zustande. Unter den Zusehern weilten übrigens auch Bewohner des nahe gelegenen Tiroler Auswandererdorfes Dreizehnlinden.

Im April lud das Goethe-Institut in Argentiniens Kapitale Buenos Aires. Wiederum wartete Lederer mit zwei verschiedenen Programmen auf: Zunächst spielte er Brecht – die *b.b. ballade*, welche Lyrik, Prosa und Songs umfasste –, anschließend Nestroy.[164] Hier wurden Herbert Lederer übrigens die bestehenden

---

161 Vgl. Lubbock Avalanche Journal (Texas), 20. 11. 1977.
162 „Playboy Nestroy" am Colégio Humboldt, Deutsche Zeitung (São Paulo), 4. 3. 1978.
163 Vgl. Indo em frente, O Estado do Parana (Curitiba), 14. 3. 1978.
164 Vgl. Argentinisches Tageblatt (Buenos Aires), 2. 4. und 5. 4. 1978.

thematischen Bezüge zwischen beiden Schriftstellern, mit denen Lederer beim amerikanischen wie auch beim asiatischen Publikum besonders gut ankam, bewusst und er erhielt den ersten Anstoß zu seiner folgenden Produktion *Brecht und Nestroy*.[165] Das Goethe-Institut sorgte außerdem für weitere Aufführungen in Córdoba und Mendoza.

Am 17. und 18. April wiederholte Lederer am Chilenisch-Deutschen Kulturinstitut der Universität von Concepción sein zweiteiliges Programm. „Playboy Nestroy. Una velada de humor vienés basada en los mejores passajes de las comedias de Nestroy" erklärte der Programmzettel die Inszenierung, gespielt wurde offenbar im Germanistik-Institut. Eine andere Aufführung gab es ferner an der Universität von Valparaíso.

Konnte man schon Lederers Nestroy-Gastspiele in Übersee, wenn man so will, als missionarische Tätigkeit in Theatersachen bezeichnen, so galt dies nicht minder für seine Tournee durch Skandinavien, schließlich war Nestroy dort ebenfalls so gut wie unbekannt. 1981 brach Lederer zunächst nach Finnland auf, um dort Ende Mai am Schwedischen Theater in Helsinki Arthur Schnitzlers Monolog *Leutnant Gustl* vorzustellen sowie *Playboy Nestroy* zu spielen.[166] Das Interesse war durchweg beachtlich, einige Zeitungen berichteten ausführlich und verbuchten ein exotisches Theatererlebnis:

> Ohne den Autor besser zu kennen muss jedoch festgestellt werden, dass es sich bei „Playboy Nestroy" um eine witzig zusammengestellte und in frischer Weise bearbeitete Folge satirischer Monologe und Liedfragmente handelt, welche einerseits von echtem Wiener Zynismus, andererseits von gutgelaunter Liebenswürdigkeit geprägt sind. Lederer operiert vom Arbeitszimmer eines Theaterdirektors aus, er liest Zeitungen und Briefe, legt Patience, fängt begeistert an, mal dieses mal jenes allgemeine oder private Thema zu bearbeiten, tanz[t] zwischendurch und singt ein kleines Couplet. Die Szenen gehen nahtlos ineinander über. Ohne sich um die Gunst des Publikums zu bemühen, hält Lederer die Zügel fest in der Hand und die aus der Biedermeierzeit Nestroys stammende Collage bekommt einen äusserst [sic] aktuellen und allgemeingültigen Akzent.[167]

Eine andere Stellungnahme hob den positiven Eindruck von Wien hervor, den die Darbietung vermittelt habe, und sprach sinngemäß von einer beglückenden Entdeckung:

> Der hübsche Soloabend Herbert Lederers zeigte, wie beklagenswert es ist, dass die Kontakte so zufällig geblieben sind, denn die Texte von Nestroy

---

165 Siehe Sibylle Fritsch: Zäh wie Lederer, profil, 9. 1. 1979.
166 Vgl. Teatteria Tanskasta ja Itävallasta, Helsingin Sanomat, 27. 5. 1981.
167 Marja Niiniluoto, Tervehdys Wienistä, Helsingin Sanomat, 29. 5. 1981; zit. nach der beigefügten maschinschriftlichen Übersetzung der Österreichischen Botschaft, abgelegt im Ordner *Playboy Nestroy*.

scheinen weiterhin eine Tragkraft zu besitzen. Und dies betrifft nicht nur die Posse, die Ausgelassenheit, jene bekanntliche Gemütlichkeit, sondern auch die etwas zynische, vielerfahrende und dementsprechend scharfsichtige Lebensphilosophie. Denn Nestroy stell[t] sich vor allem als Satiriker vor, den man nicht umsonst mit dem Epitheton „Aristophanes von Wien" beehrt hat. Er spielt mit witzigen, spitzen „Pointen", er registriert Lebensphänomene und seine Botschaft hat in mehr als hundert Jahren den Effekt nicht verloren, da grundlegende menschliche Schwächen angegriffen werden.
In diesem Sinne spricht Nestroy über den Menschen als Narr seines Schicksals. Über die Wirklichkeit des Geldes, über diese einzige Wirklichkeit. Über die Welt, deren Herr Egoismus heisst [sic]. Er fragt nach der Haltbarkeit des Begriffes „edle Nächstenliebe" und kommt zu dem Schluss, dass sonst niemand als du selbst dein nächster Mitmensch sein kann ...
[...]
Diese anderthalb Stunden sind ein liebenswürdiges Erlebnis, das Publikum wird spontan angesprochen. Elegante, ausgefeilte Kleinkunst, Kunst des Kabaretts. Ein Hauch aus dem Wien der Biedermeierzeit – und warum auch nicht aus dem Wien von heute.[168]

Die ausgedehnte Reise führte über das Nordkap nach Bergen, von dort über Oslo weiter nach Stockholm, bis sie in Kopenhagen endete. Lederer spielte in mehreren kleineren Theatern, in der dänischen Hauptstadt agierte er u. a. auch im Atelier des niederösterreichischen Malers und Grafikers Adi Holzer (*1936), der seit 1962 hier lebt.

1982 kam Lederer nach Ost-Berlin, um während der ‚Festlichen Tage' an der Volksbühne vom 2. bis zum 4. Oktober ein Gastspiel zu geben. Aus den geplanten fünf Vorstellungen im Kleinen Theater wurden sieben ausverkaufte, während parallel dazu im Großen Haus Brechts *Der gute Mensch von Sezuan* in italienischer Sprache unter der Regie von Giorgio Strehler (1921–1997) angesetzt war. Ähnlich wie in Skandinavien sprang auch an der Spree der Funken über, wurde der mit Jazz unterlegte Nestroy vom Publikum dankbar angenommen und von der Kritik als eine bezwingende Adaption eingestuft:

Ein Feuerwerk brillanter Einfälle und zündender Aphorismen wurde geboten, durchsetzt mit kabarettistischen Einlagen und spritzigen Liedern. Frisch und zupackend, mitunter auch ein wenig respektlos und unbekümmert um ein möglichst „hehres" Klassikerbild, breitet Lederer Gedanken des Dichters zum Umgang mit der Wahrheit aus, zur Welt des Theaters, zu den angenehmen Seiten des Lebens, zu Liebeslust und -leid.[169]

---

168 Heikki Eteläpää: Wienin Aristofanes, Uusi Suomi, 28. 5. 1981; zitiert nach der beiliegenden maschinschriftlichen Übersetzung der Österreichischen Botschaft, abgelegt im Ordner *Playboy Nestroy.*
169 Im Folgenden K. J. Wendlandt: Vergnügliches von einem klassischen Prinzipal, Neues Deutschland, 4. 10. 1982.

Freilich wurden ideologische Einwände erhoben, weil die von kommunistischer Seite gerne betonten, angeblich klassenkämpferischen Ambitionen Nestroys nicht deutlich genug geworden wären: „Allerdings kam bei der Textauswahl die plebejische Streitlust Nestroys, sein stetes Engagement für die Armen, doch ein wenig zu kurz."

In den folgenden Jahren kehrte *Playboy Nestroy* immer wieder an das ‚Theater am Schwedenplatz' zurück, so auch im Februar 1985. Im Sommer übersiedelte das Programm in Lederers Flachauer Mühle, wo es gemeinsam mit einem Stück von Erich Sedlak (*1947) mit dem Titel *Fröhliche Zeiten* bis Ende August aufgeführt wurde. Am 27. Juli trat Lederer mit Nestroy im Pinzgau bei den Kulturtagen in Maishofen auf.

Nach mehrjähriger Pause nahm Herbert Lederer *Playboy Nestroy* am 27. September 1993 letztmalig in das Programm seines Hauses. Bis zum Mai des Folgejahres sollten etwa 150 Vorstellungen gegeben werden. Hierbei konzentrierte sich Lederer darauf, ausschließlich Nestroy zu spielen, was er auch als Auftrag und Verpflichtung verstand. Über die Ursachen dafür äußerte er sich im Begleitheft:

Ich könnte sagen: im Dezember [1993] begehen wir Nestroys 192. Geburtstag und im Mai [1994] seinen 132. Todestag. Für mich wäre das Grund genug. Es muß ja nicht immer ein „rundes" Jubiläum sein. Dazu kommt aber, daß Nestroy im Augenblick auf den Wiener Bühnen etwas unterrepräsentiert erscheint. Da tut sich nichts. [...]
Seine Stücke sind voll von Ambivalenzen. (Wie übrigens auch sein Leben.) Da ist nichts endgültig festgelegt. Gerade das bietet noch Möglichkeiten zu experimentieren. Zur Zeit, meine ich, werden sie zu wenig ausgenützt. Darum nütze ich sie eben.

6.
BRECHT UND NESTROY

Auf der Suche nach einem neuen Programm für das ‚Theater am Schwedenplatz' fielen Lederer Texte von Bertolt Brecht in die Hände. Brecht und Nestroy – war das nicht eine naheliegende Allianz? Die Anregung dazu kam Lederer, als er Brechts 1927 entstandenes Lied *Vom Geld* mit Nestroys Gold-Couplet, 1838 für Folletterl in der parodierenden Zauberposse *Der Kobold oder Staberl im Feendienst* geschrieben, verglich und inhaltliche Parallelen entdeckte. Damit war bereits die zweiteilige Struktur der Produktion vorgegeben. Im ersten Teil versammelte Lederer 23 Nummern aus dem Œuvre Brechts, darunter sieben Songs wie „Wenn ich in der Hölle brenne" aus dem Stück *Happy End* oder die Lieder vom St. Nimmerleinstag bzw. vom Rauch aus dem Parabelstück *Der gute Mensch von Sezuan*. Textlich schöpfte er teilweise aus der *Haus-* und der *Taschenpostille*, dem *Lesebuch für Städtebewohner*, der *Deutschen Kriegsfibel* sowie den *Svendborger Gedichten*; zeitlich setzte die Auswahl kurz vor dem Ersten Weltkrieg an, erstreckte sich bis in die Mitte der 1950er Jahre und endete mit Brechts Tod.

Nach der Pause kam Nestroy zu Wort. Chronologisch war die Reihenfolge umgedreht, sodass man hätte meinen können, Nestroy fungiere als Replik auf Brecht. Doch diese Lesart beabsichtigte Lederer keineswegs. Vielmehr handelte es sich um zwei separat stehende Teile, die thematisch jedoch verwandt waren und durch bestimmte Leitgedanken miteinander korrespondierten. „Ich setzte in meiner Textauswahl zwei scheinbar so divergierende Autoren hart nebeneinander. Siehe da, es zeigte sich, daß beide – zu anderen Zeiten, von anderen Standpunkten, mit anderen Worten, mit anderen Stilmitteln – zu ähnlichen Aussagen kamen."[170]

Lederer wählte sechs Couplets aus sowie Passagen aus 37 Stücken, die Nestroy zwischen 1828 und 1857 verfasst hatte. Durch die zweite Programmhälfte führte eine Mitleid erweckende Figur, „der ‚arme Teufel', der sich skeptisch fragt, ob es denn ‚unter die Reichen gar so viel Engeln' gäbe."[171] Abgesehen von der Nestroy-Ausgabe nach Brukner und Rommel hatte Lederer zur Erarbeitung dieser Produktion weitere Unterlagen herangezogen, darunter Bäuerles *Theaterzeitung* sowie Saphirs Zeitschrift *Der Humorist* der Jahrgänge 1833–1860, aber ebenso die von Max Pirker (1886–1931) herausgebrachten *Teutschen Arien* (1927).

---

170 Lederer: Im Alleingang, S. 94.
171 Ebd.

INHALT

Als Auftrittslied fungiert das zweite Couplet des Zimmermanns Peter Span aus *Der Unbedeutende* („Es tut einer prassen", III,16), in dem Nestroy nacheinander die Themenkomplexe Verschwendung, Krida und ehrenwertes Verhalten, das Imponiergehabe von Frauen, die sich einen Hausfreund suchen, sowie die rätselhafte Teuerung, die sowohl nach Jahren der Missernte als auch nach solchen des Überflusses eintritt, aufs Korn nimmt.

Der eigentliche Monolog beginnt mit Überlegungen der Rollenfigur zum Anklopfen, was der Erzähler als „eine dumme Gewohnheit" bezeichnet, um dann unvermittelt über (Un-)Zufriedenheit, Verleumder und Selbstmörder zu sprechen. Er, der die Butterseite des Lebens nur vom Hörensagen kennt, malt sich das Paradies genauso wie Peter Dickkopf in *Heimliches Geld, heimliche Liebe* mittels Südseeimpressionen aus: „im stillen Ocean giebt es grüne Inseln, wo sich die blaue Woge an Korallenklippen bricht; du da is es schön!" (HKA Stücke 32, III,19)

Vom Reisen gelangt der namenlose Protagonist allmählich zur Philosophie, die auch in pekuniären Dingen ihre Hände im Spiel zu haben scheint. Er bezeichnet sich mit Schlicht aus *Mein Freund* selber als „eines von die Pracht-exemplare der befiederten Zweybeinigkeit, die nicht d'rauskämen 's Jahr mit einer halben Million, weil s' a ganze zum Verschencken brauchen." (HKA Stücke 30, I,4)

Über allem aber steht unüberhörbar der Appell an die Humanität, der ihn mit Nebel aus *Liebesgeschichten und Heiratssachen* (I,14) verbindet:

> Immer menschlich bleiben! Das ist mein Prinzip! „Homo sum", sagt der Lateiner, das heißt auf deutsch: „Ich bin ein Viechskerl". Das ist sehr präzis angemerkt, soweit in der menschlichen Sprache etwas präzis sein kann. Es erweist sich ja immer aufs Neue, daß sich die Menschen sprachlich nur höchst ungenau ausdrücken.[172]

Damit ist die Überleitung zu einem zentralen Aspekt bei Nestroy geschaffen, zur Kritik an der Sprache und dem Wissen um ihre Unzulänglichkeiten. Es werden die Tücken eines offenbar recht unzuverlässigen Mediums aufgezeigt, das seine Benützer, die darauf angewiesen sind, linguistisch scheitern lässt und sie dazu zwingt, sich kommunikativ wie auf Krückstöcken humpelnd fortzubewegen. Oftmals erkennen die Redner die Mehrdeutigkeit des Gesprochenen nicht und unterliegen in Unkenntnis der Bedeutung der Wörter deren Semantik. „In der Sprachlehr' blamier'n s' mit d' viel'n Hauptwörter sich, der Mensch kennt ein Hauptwort nur, und das heißt: Ich – Ja und nein sind als Neb'nwörter nur angegeb'n, und für 'n Ehr'nmann sind 's Bindewörter für 's ganze Leb'n", erklärt der Erzähler pointiert wie Willibald Schnabel in *Die schlimmen Buben in der Schule* in seinem Couplet „In der Sprachlehr da sind wir noch z'ruck" diesen

---

172 Zit. nach dem Typoskript Lederers, abgelegt im Ordner *Brecht und Nestroy*.

Sachverhalt. Im Anschluss daran gibt Lederer mit
Willibalds Definition der Erdkunde eine weitere
Kostprobe aus dieser Burleske.

Anschließend spielt der Protagonist mit seinen Gedanken. Das Wort „Druck" löst bestimmte
Assoziationen bei ihm aus, der Diskurs schwenkt
vom Drucken der Bücher allgemein zu jener
existenziellen Belastung um, die auf Menschen
laste und verschiedene Namen habe, nämlich
„Sklaverei, Not, Elend".

Stärkere Berührungspunkte mit Brecht erge-
ben sich dort, wo Lederer die soziale Frage an-
schneidet und Ausschnitte montiert, in denen
Begriffe der Sozietät oder der Klasse virulent
sind. Es dominiert eine deterministische Sicht,
wonach dem Individuum kein gesellschaftlicher
Aufstieg oder eine berufliche Karriere beschieden, sondern ihm sein Platz im gesellschaftlichen
Gefüge und seine Rolle im Weltentreiben von
Anfang an zugewiesen sei. Dahinter wird ein
Denken transparent, welches das bestehende
System als unabänderlich, als göttliche Vorse-
hung beziehungsweise als eine von der Obrigkeit gewollte Herrschaft innerhalb
einer ständisch gegliederten, streng hierarchischen Ordnung empfindet, die kaum
Aussicht auf Verbesserung erwarten lässt und Ausbruchsversuche als Verstöße
gegen das Gesetz, die Norm, die Macht, die sanktioniert werden, betrachtet.
Wenngleich die klassenkämpferische Note Brechts fehlt, bedeutet das Sich-Ab-
finden nicht automatisch Resignation, sondern es sind durchaus Selbstbehaup-
tung, Standesbewusstsein und Verbundenheit mit der Schicht erkennbar. Lederer
nimmt einen längeren Abschnitt aus Nestroys *Höllenangst*, und zwar jene Stelle,
in der sich Wendelin dem Oberrichter Thurming vorstellt:

> Ich bin ein Proletariatsbeflissener, der den ganzen practischen Curs vom
> Pauperismus durchgemacht hat. Meine Lebensgeschichte is lächerlich, denn
> sie is so traurig, daß ich mich nur auf Drey Lacher, von denen nur der letzte
> etwas erquicklich war, entsinnen kann. Ohne Schmunzler wurd' ich Knabe,
> und da war dann mein erstes Lächeln ein höhnisches, wie in der Schul der
> junge Trott'l von ein' reichen Papa, statt meiner 's Prämium hat kriegt. Als
> theoretischer Schulbub hat man mich ein wenig ausgestoßen, als practischer
> Lehrbub aber hat man mir sehr viel eingepufft. Nach einem mißliebigen, in
> einer Fabrik verweberten Jünglingsalter hab' ich mich verliebt. Die spröden
> Launen meiner Göttin bin ich jetzt schon g'wöhnt, aber damahls haben sie
> mir einen Lacher der Verzweiflung erpreßt. Die spätere Orts- und Standes-

veränderung hab ich nur zu Gunsten eines gefesselten Wohlthäters unternommen; wie er frey war, und ich erwischt, da hab' ich mir in's Fäustchen gelacht. (HKA Stücke 27/II, II,11)

Naturalistisch gesprochen sind es die jeweiligen Umstände, die Lebensvoraussetzungen, welche die Menschen prägen und zu dem machen, was sie sind: ein Produkt ihres Milieus, ihrer Herkunft, Erziehung als auch der ihnen zugänglichen Vorbilder und vermittelten Ideale. Lederer verwendet an dieser Stelle eine Kompilation mehrerer Zitate aus unterschiedlichen Stücken Nestroys. Nacheinander sprechen unter anderen Peter Span aus *Der Unbedeutende* (I,13), Wendelin aus *Höllenangst* (I,14), Ultra aus *Freiheit in Krähwinkel* (I,8) sowie Gottlieb aus *Der Schützling* (HKA Stücke 24/II, I,5):

> Standeswahl bei einem Sprößling unterer Stände heißt ja nichts anders als: „Jetzt entschließ dich, ob du als Lehrling von dieser oder jener Zunft gebeutelt und malträtiert werden willst." Diese Eröffnung ist so reizend, dass die gewöhnliche Antwort drauf is: „Es is mir alles eins!" Verständlich also, daß ich sehr früh zum Zweifler geworden bin. Na ja, warum soll ich denn nicht zweifeln, wenn 's mir eine Erleichterung verschafft? Zweifeln kann man an allem, und unter zehnmal zweifelt man neunmal, gewiß mit vollem Recht. Wo steht denn das eigentlich geschrieben, daß der Mitarbeiter der Alleinarbeiter sein soll? Die Leut' sagen: wer nicht arbeit', soll auch nicht essen, und wissen oft gar nicht, wen sie allen mit diesem Ausspruch zum Hungertod verurteilen. Das will aber die Welt nicht hören, denn sie ist untolerant. Sie verlangt uniforme Sitten und duldet keinen Charakter; Selbständigkeit ist ihr ein Greuel der Anmaßung.[173]

Der Erzähler bekundet mit ähnlichen Worten wie Knappenstiefel in *Nagerl und Handschuh* Skepsis gegenüber den Werten und Errungenschaften der Aufklärung, an der idealistischen Sicht des Menschen als vernunftbegabtes Wesen, weil ihn seine bisherige Lebenserfahrung das Gegenteil gelehrt hat:

> „Couche!" heißt 's alle Augenblick. Sie wissen vielleicht nicht, was das bedeutet: „Couche!" [...] Das ist ein englisches Wort, und heißt auf deutsch: Fine dell'Opera, was man im Italienischen sagt: Endet den Gesang. (HKA Stücke 2, I,13)

Deswegen zieht er illusionslos Bilanz, ohne in Selbstmitleid zu verfallen. In der folgenden Passage aus dem Programm melden sich unter anderen Federl aus *Die Papiere des Teufels oder Der Zufall*, (Vorspiel, Szene 3) sowie Titus Feuerfuchs aus Nestroys *Der Talisman* (II,22) zu Wort:

> So bin ich zu der Einsicht gekommen, daß ich keine Aussicht hab'. Das soll

---

173 Zitiert nach dem Typoskript Lederers, abgelegt im Ordner *Brecht und Nestroy*; zur Stelle mit dem „Hungertod" vgl. Johann Nestroy: Reserve und andere Notizen, hrsg. von W[illiam] Edgar Yates (= Quodlibet 2), Wien 2000, S. 43.

aber nicht heißen, daß ich keine Hoffnungen für die Zukunft hätt'. Die Zukunft ist ja die neue Welt, in die der Mensch seine Entdeckungsreisen macht. Aber leider ist die Zukunft noch nicht da, und wie hinüberkommen in die Zukunft? Ohne Essen kommt man nicht einmal durch die Gegenwart! Wenn ich jetzt so dasteh' – mit dem Gefühl einer gänzlichen Kaffeelosigkeit, einer totalen Kipfelentbehrung, ja nicht einmal instand, ein abonniertes zaches Rindfleisch mit sauren Ruben z' essen oder wenigstens ein Stückl Brimsenkas aufs Brot zu legen – da hilft wirklich nur Phantasie ... ich denk' mir, dieses Knurren da *(auf den Magen zeigend)* kommt vom übertriebenen Austern- und Trüffelgenuß, z' Mittag denk' ich, ich bin eing'laden bei ein' Herrschaftskoch auf ein Essen, wie 's sein Lebtag keine Herrschaft hat 'kriegt ... Man wirft mir vor, daß ich alleweil 's Essen im Kopf hab! Na freilich hab ich 's in Kopf. Aber warum? Weil ich 's net im Magen hab'. In dem Zustand wird der gedeckte Tisch zur schönsten Gegend. Nein, Menschheit, du sollst mich nicht verlieren. Appetit ist das zarte Band, welches mich mit dir verkettet, welches mich alle Tag' drei-, viermal mahnt, daß ich mich der Gesellschaft nicht entreißen darf.
Ich vertrau einfach auf die Zeit, die mit der Zeit eine Wendung zum Besseren bringen muß. Die Zeit, das ist halt der lange Schneiderg'sell, der in der Werkstatt der Ewigkeit alles zum Ändern kriegt. Manchmal geht die Arbeit g'schwind, manchmal langsam, aber fertig wird s', da nutzt einmal nix, g'ändert wird alles![174]

Seinem Ärger über die ungerechten Verhältnisse, die ständige Benachteiligung und das ihm vorenthaltene sorgenfreie Leben, aber zugleich auch der Hoffnung auf Veränderung verschafft er mit dem Lied seines Leidensgenossen, des sozial gleichfalls benachteiligten Titus Feuerfuchs („Ja, die Zeit ändert viel") im *Talisman* (II,22), Ausdruck.

Später überlegt er, die Welt und die Verhältnisse zu verbessern, indem er das willkürlich und blindwütig agierende Schicksal bannt. Selbstverständlich stellt er sich als Mann aus dem einfachen Volk das Schicksal nicht als Allegorie vor. Sie trägt für ihn zwar ein menschliches, aber kein humanes Antlitz, einen „Zopf"[175] nämlich, den er als Symbol der Tyrannei der Bürokratie deutet. Seine Sicht ist realistisch und gleichzeitig abstrakt.

Endlich bezieht er Stellung zur Armut, er beruft sich auf Vincenz in *Die beiden Herren Söhne* (III,8), Lampl aus *Die lieben Anverwandten* (III,10) und Federl in *Die Papiere des Teufels oder Der Zufall* (III,8): „Über die Armut braucht man sich schon gar nicht schämen, da gibt's viel mehr Leut', die sich über ihren Reichtum schamen sollten. Meine Voreltern waren Bandlkramer [...] In d' Erd' möchte man sinken, wenn man die ganze Eitelkeiten beobacht't. Hm – unser

---

174 Zit. nach dem Typoskript Lederers, abgelegt im Ordner *Brecht und Nestroy*.
175 Vgl. Hugo Aust: Der Zopf oder Nestroys Requisitenspiel mit Zeit und Geschichte, in: Nestroyana 15 (1995), S. 112–121.

Planet besteht doch aus einer ziemlich kompakten Masse, sie ist hübsch fest, unsere Erde, davon kann sich jeder am besten überzeugen, wenn er auf d' Nasen fallt. Und dennoch hat der Mensch so oft die Empfindung, als ob er in die Erden versinken tät"[176] – ein Eindruck, den er mit den Worten Federls („Dieses G'fühl, ja, da glaubt man, man versinkt in die Erd'") formuliert und ebenfalls nüchtern aufzeigt, wie die Lebenswirklichkeit eines an materiellen und finanziellen Gütern nicht gerade Gesegneten aussieht, dem nur die Imagination bleibt, um die Realität auszuhalten.

Von den mangelnden Zerstreuungsmöglichkeiten, den gesellschaftlichen Verpflichtungen und Gefahren beim Glücksspiel wendet sich der Erzähler den geistig-kulturellen Anliegen der Menschen zu. Er räsoniert gleichlautend mit Nebel in *Liebesgeschichten und Heiratssachen* (I, 14) und Hutzibutz in *Das Haus der Temperamente* (I, 18):

> Ihr beschämten Adler und Falken, laßts euch gutwillig einschreiben ins Blindeninstitut! Wirklich, bei mir is's schad, daß mich das Schicksal nicht auf einen höhern Posten g'stellt hat, denn ich bin nicht jung, ich bin nicht schön, ich bin nicht reich – ich bin nur Verstandesmensch.[177]

Sinngemäß fährt er fort mit Sentenzen, die Arthur in *Umsonst* (I, 5) beziehungsweise Blasius in *Glück, Missbrauch und Rückkehr oder Das Geheimnis des grauen Hauses* (III, 6) verwenden:

> Aber der Strebsame muß nichts fürchten, wenig glauben und alles hoffen. Der Welt mit einem dauernden Grinsen zu begegnen, das ist die beste Strategie. In einem gebildeten Lächeln muß mehr Nichtssagendes liegen, dann muß man es permanent behaupten. So ein Lächeln muß eine spanische Wand sein, hinter welcher man alle seine Gefühle und Empfindungen vor die Leut' verbirgt.[178]

Seine Ausführungen beschließt er mit dem Gesang Gluthammers („Sich so zu verstell'n, na, da g'hört was dazur") aus der Posse *Der Zerrissene* (HKA Stücke 21, II, 11).

Zuletzt ergeht er sich über die Reichen, denen man eine Komödie vorspielen müsse um ihrer Eitelkeit willen oder um als Habenichts zu reüssieren. Er träumt davon, ein Hausherr zu sein, und zählt die Vorzüge dieses Standes auf, ehe ihm die wichtigste Kleinigkeit, die ihm zu all dem erträumten Glück noch fehlt, einfällt – das Geld, dessen merkwürdige Triebkraft er im sogenannten Gold-Couplet aus *Der Kobold oder Staberl im Feendienst* („Was d'Leut auf der Welt wegen Gold alles treibn", II, 7) beschwört.

---

176 Zit. nach dem Typoskript Lederers, abgelegt im Ordner *Brecht und Nestroy*.
177 Ebd.
178 Ebd.

PREMIERE

Auch in dieser Produktion kam Lederer mit relativ wenigen Ausstattungsgegen-
ständen aus. Als Bühnenbild genügte ein neutraler Vorhang als Hintergrund,
daran hingen zwei Porträtbilder, links Brecht, rechts Nestroy. Für den Premie-
renabend am 8. Jänner 1979 im ‚Theater am Schwedenplatz' benötigte er lediglich
„einen Tisch, mit Büchern vollgeräumt, zwei Stühle und an der Hinterwand die
Bilder der beiden Dichter. Als Kostüm Hose und Pullover, für Brecht eine
schwarz-weiße Kappe, für Nestroy einen verbeulten grauen Zylinder", berichtete
Lona Chernel in der *Wiener Zeitung*, während sie die Inszenierung als sehr
anspruchsvoll einstufte, die den Zusehern viel abverlangte:

> Die Zusammenstellung der Texte ist literarisch interessant, für das Publikum
> aber nicht gerade leicht. Es fehlt am dramatischen Aufbau, an bewußt
> gesetzten Höhepunkten. Lederers starke schauspielerische Persönlichkeit
> verhindert zwar ein Ermüden des Zuhörers, für jene aber, die in den Werken
> der Präsentierten nicht so zu Hause sind, gibt es wenig Anhaltspunkte.
> Besonders schwierig wird's bei Nestroy, da sich die Couplets in musikalisch
> neuem Gewande darbieten. Karl Heinz Füssl komponierte hübsch und
> einfühlsam, teilweise sehr witzig, aber nicht gerade zugkräftig. Und die
> Möglichkeit, „liebvertraute alte Bekannte" zu begrüßen, wird dem Publikum
> fast völlig genommen.
> Doch wer zu Lederer geht, der will ja schließlich Spezielles sehen – und
> hören vor allem, der will nicht Theater im landläufigen Sinn, er will Literatur
> theatralisch aufbereitet, gekonnt dargeboten, scharf akzentuiert. Und das
> bekommt er auch bei dieser neuesten Produktion [...] wieder in reichem
> Maße.[179]

Ähnlich äußerte sich Heinz Sichrovsky, der sich in seiner recht ausgewogenen
Betrachtung insbesondere an der musikalischen Begleitung stieß, welche die
Kritik übrigens ziemlich einhellig ablehnte:

> Die Vorteile: Daß ein kluger, belesener und fleißiger Dramaturg am Werk
> war. Daß Lederer auf Gängiges verzichtet und auf diese Weise ein paar gute
> neue Bekanntschaften vermittelt. Daß er Blutsverwandtschaft zwischen dem
> komödiantischen Materialisten Brecht und dem materialistischen Komödian-
> ten Nestroy an gut gewählten Songs, Couplets und Zitaten augenfällig macht.
> Allerdings: Die außerordentlichen Texte finden diesmal nur einen gediegenen
> Interpreten. Vor allem aber hat sich Lederer etwas wahrhaft Verhängnisvolles
> einfallen lassen. Er mißtraute Wenzel und Adolf Müller, Kurtl Weill und Paul
> Dessau und ließ sämtliche Songs von einem Zeitgenossen namens Karl Heinz
> Füssl nachkomponieren. Das Ergebnis: Eine ebenso langweilige wie durch-
> dringende Ohrenpein.

---

179 Lona Chernel: Zwischenstation in Wien, Wiener Zeitung, 10. 1. 1979.

Brecht und Nestroy sorgen dafür, daß es dennoch ein ebenso lehrreicher wie genußvoller Abend wird.[180]

Beim Vergleich der beiden Programmhälften – „Kantige Mimik und stechender Blick im ersten Teil, verschlagene Listigkeit im zweiten. Kühler Intellekt gegen heißblütige Nestroy-Philosophie" – machte man deren gegenseitige Isolation geltend – „zwei Literaturblocks. Nicht verschmolzen, sondern gegeneinander. Leider keine Gegeneinanderstellung. Keine vergleichenden Betrachtungen ..."[181] Außerdem glaubte man deutliche Qualitätsunterschiede zu erkennen und stufte mehrheitlich den Nestroy-Part gelungener als den Brecht-Teil ein:

Was Lederer aus Brecht- wie aus Nestroy-Texten zusammenstellte, war klug und gut, aber ohne die letzte Brillanz. Besonders bei Brecht wird das Sammelsurium zum Weltanschauungsbrei, der trotz der knappen, klaren, sehr Brecht-gerechten Präsentation durch Lederer oft fade schmeckt. Mit Nestroy hat man's leichter. Dessen Philosophien sind auf jeden Fall amüsant und darum nicht weniger tief. Auch er zerbricht sich, wie Brecht, vor allem den Kopf über arm und reich, oder, sagen wir's zeitgemäßer, über die Klassenunterschiede. Wo Nestroy noch pro forma dem Schicksal die Schuld gibt, redet Brecht von den Verhältnissen. Daß sie zueinander gehören, als Denker aus einem Geist [...] – man hat es gewußt und von Lederer schön bestätigt bekommen. Da er mit Nestroy auch Unterhaltung vermittelt, ist man für die trockene erste Hälfte entschädigt.[182]

Hans Haider zeigte sich hingegen mit der Charakterisierung Bertolt Brechts nicht einverstanden:

Brecht bringt er eine Spur zu steif und ernst. So ein Asket war der junge Selbstinszenierer nicht. Nestroy aber hätte an einem so eleganten Kürlauf durch seine Texte gewiß Vergnügen gehabt. Nach Themen geordnete Gedanken sind zu blitzgescheiten Assoziationsgirlanden geknüpft. Ohne schulmeisterliches nicht-enden-Wollen, sondern so spontan wie ein Solo von Karl Farkas [...].[183]

---

180 Sich [Heinz Sichrovsky]: Lederer ist wieder in Wien, Arbeiter-Zeitung, 10. 1. 1979.
181 Martin Schweighofer: Der Hut macht den Mann, Neue Kronenzeitung, 10. 1. 1979.
182 Renate Wagner: Rauchen im Theater, Neues Volksblatt, 10. 1. 1979.
183 hai [Hans Haider]: Von Brecht bis Nestroy, Die Presse, 10. 1. 1979.

Hingegen schrieb *Die Furche*
dazu:

Eine Prise Aufsässigkeit,
ein kleiner rebellischer
Blick als Würze einer Li-
teratur-Zubereitung, die
zwischen San Franzisco
[sic] und Melbourne,
Stockholm und Kapstadt
sicher nirgends aneckt.
Lederer weiß eben, was
sein über die Länder ver-
streutes Publikum will,
wobei er freilich Nestroy
besser zu servieren und
mit einem verbeulten Zy-
linderhut auch besser zu garnieren weiß als Brecht, dessen Geist er mittels
eines modisch schwarzweiß karierten Kappels zu zitieren sucht. Kein Wunder, wenn jener nicht erscheint.[184]

Ungeachtet der konstatierten Mängel hoben die Berichterstatter Lederers Ver-
siertheit mit dem Werk Johann Nestroys und sein großes Einfühlungsvermögen
in den Geist der Epoche hervor, den er, in angemessener Weise für die Moderne
aufbereitet, auf die Bühne gebracht und damit lebendig gehalten habe, wie der
damals für die *Volksstimme* tätige, aus Südtirol stammende Lyriker und Litera-
turkritiker Gerhard Kofler (1949–2005) festhielt:

Nestroy und Lederer, das ist schon seit Jahren eine Kombination, die gegen
alle Verharmlosung des großen sozialkritischen Theaterpoeten mit nestroy-
schem Witz auftritt. [...]
Dieser Nestroy bei Lederer springt auch mühelos über alle Hürden der
Belanglosigkeit, die inzwischen gerade hier in Wien aufgestellt wurden,
frisch und spritzig setzt er dabei zu großen und schwierigen Sprüngen an
und meidet leichte und manierierte Hopser.[185]

Das Programm *Brecht und Nestroy* erwies sich jedenfalls als so tragfähig, dass
Herbert Lederer es 1982 noch für die Sommerspielzeit des ‚Theaters im Pongau‘
verwenden konnte, wo er es, alternierend mit Goethes *Die Leiden des jungen
Werthers*, in unveränderter Form vor seinem Flachauer Publikum spielte.

---

184 Lederers Zwischenlandung, Die Furche, 17. 1. 1979.
185 Gerhard Kofler: Klassiker der Vernunft und des Humors, Volksstimme, 10. 1. 1979.

7.
DU HOLDES COUPLET

Im Sommer 1963 rückte die Verwirklichung eines lang gehegten Planes in greifbare Nähe: Herbert Lederer hatte sich mit dem Gedanken getragen, ein bäuerliches Anwesen zu erwerben, möglichst mit einer großen Scheune, die er als Probebühne verwenden könnte, um dort vor zahlendem Publikum aufzutreten. Bedingt durch seine Tätigkeit, deren Schwerpunkt damals im Westen des Landes lag, und die Tourneen, die ihn häufig in die Bundesrepublik Deutschland führten, schränkte sich die Suche geografisch ein. In den Wochenendausgaben der *Salzburger Nachrichten* und *Oberösterreichischen Nachrichten* hielt er nach einer passenden Immobilie Ausschau und wurde nach einem Dreivierteljahr schließlich fündig. In Flachau nahe Radstadt im Pongau, damals noch ein beschaulicher Ort in ländlicher Idylle, der von den Segnungen des Fremdenverkehrs und Wintersports weitgehend unberührt war, wurde ein „Landhäusel" inseriert. Die ‚Vogelmühle' stand zum Verkauf, ein rund 300 Jahre altes, schlichtes Gebäude nahe der Enns, das eine Tischlerei-Werkstätte beherbergte, die aus allen Nähten platzte. Die Räumlichkeiten, welche den Betrieb an der Expansion hinderten, entsprachen Lederers Bedürfnissen in geradezu idealer Weise. Das schmale, aber lang gestreckte Gebäude mit nur zwei Fensterachsen an der Giebelseite ließ sich ohne gravierende Eingriffe in die bestehende Substanz neu gestalten und umfunktionieren. Die Gegebenheiten des Hauses, die Lederer hier vorfand, könnte man mit Nestroy charakterisieren: zu ebener Erde ein Saal, der zum Theaterspielen regelrecht einlud, im ersten Stock gab es Möglichkeiten zum Wohnen sowie Raum für eine kleine Galerie.

Drei Jahre lang dauerte der Umbau, wobei Lederer sommers über spielen musste, um das nötige Geld für die Investitionen zu verdienen. Schließlich hatte sich alle Mühe gelohnt. Am 24. Juni 1966 wurde ‚Herbert Lederers Theater im Pongau' mit *Hanswursts Abenteuern* nach der legendären Figur des Lungauer Sau- und Krautschneiders von Josef Anton Stranitzky (1676–1726) eröffnet.[186] Der betont rustikal gestaltete Zuschauerraum mit ausrangierten rotplüschigen Sitzgarnituren eines Wiener Kinos bot 63 Personen genügend Platz vor einer großen Bühne mit kariertem Vorhang. Am Hauseck neben dem Stiegenaufgang hingen drei Hufeisen, die künftig auch als Logo die Programmhefte zierten. Durch Plakate und Mundpropaganda wurde das Publikum, das aus der Festspielstadt Salzburg, aber zum Teil auch von weit her anreiste, in die ehemalige Mühle gelockt. Dort, wo sich einst Bauern, Knechte und Handwerker die Klinke in die Hand gegeben hatten, gingen nun zur Sommerzeit Theaterfreunde und Kunstin-

---

186 Allgemein vgl. Herbert Lederer: Theater im Pongau, in: Das Salzburger Jahr 1966/1967. Eine Kulturchronik, Salzburg o. J. [1966], o. S.

teressierte ein und aus. Bald war Herbert Lederer kein Unbekannter mehr. Der mit ihm befreundete Schriftsteller Erich Landgrebe (1908–1979) nannte ihn gelegentlich einer Aufführung von Hemingways *Der alte Mann und das Meer* (1971) den „Zauberer von Flachau",[187] was wohl als Auszeichnung gedacht war und sein Staunen angesichts der Verwandlungsfähigkeit Lederers und dessen Gabe, das Publikum in Bann zu schlagen, zum Ausdruck bringen sollte.

Bis zu seiner Schließung im Jahre 1991 lief das Theater ohne Subventionen, ein Vierteljahrhundert lang trug es sich ausschließlich durch den Kartenverkauf. Vom Gründungsjahr abgesehen, wo es drei Produktionen gab, spielte Lederer in der Regel jeweils zwei unterschiedliche Stücke pro Saison, die er im Wechsel brachte. Darunter waren Werke österreichischer, deutscher sowie internationaler Herkunft vertreten, deren Autoren vom späten Mittelalter bis unmittelbar zur Gegenwart reichten. Um in der chronologischen Reihenfolge der Flachauer Inszenierungen zu bleiben, gehörten dazu bis 1991 etwa Fritz von Herzmanovsky-Orlando, François Villon, Ernest Hemingway, Scholem Alejchem (d. i. Schalom Rabinowitsch), Antoine de Saint-Exupéry, Karl Valentin, Wilhelm Busch, Johannes Urzidil, Ödön von Horváth, Nikolai W. Gogol, H. C. Artmann, Egon Friedell, Rudolf Henz, Johann Wolfgang von Goethe, Mark Twain, Georg Büchner, Anton P. Tschechow, André Obey, Franz Grillparzer – und dazwischen immer wieder Johann Nestroy.[188]

Am 19. Juli 1984 nahm Lederer in Flachau seine bis dahin sechsunddreißigste Produktion auf und spielte bis zum 1. September sein neues Programm *Du holdes Couplet* alternierend mit dem *Meier Helmbrecht*. Ehe er im Herbst mit Nestroy nach Wien in sein ‚Theater am Schwedenplatz' zurückkehrte, gab er am 1. August einen Gastauftritt auf Burg Mauterndorf während der ‚Festspielzeit im Lungau'.

ENTSTEHUNG

Der Titel dieser Produktion war eine Anspielung auf die beliebte und äußerst langlebige Radiosendung des österreichischen Rundfunks *Du holde Kunst*, die inzwischen als die älteste noch laufende Sendung des ORF gilt. Der Schriftsteller Ernst Schönwiese (1905–1991), der nach dem Zweiten Weltkrieg die Abteilung für literarisches Wort beim US-Besatzungssender Rot-Weiß-Rot in Salzburg leitete, entwickelte gemeinsam mit dem Goldschmied Eligius Scheibel die Idee dazu. Den leidgeprüften Menschen sollte inmitten aller Not und Trostlosigkeit des Nachkriegsalltags ein Lichtblick geboten, eine von Harmonie und Farbe erfüllte Gegenwelt durch die Vermittlung klassischer Musik und Dichtung eröffnet werden.

---

187 Erich Landgrebe: Der Zauberer von Flachau, in: Lederer: Theater für *einen* Schauspieler, S. 82 f.

188 Vgl. Herbert Lederer: Im Alleingang, S. 206 f.; ders.: Das Theater im Pongau, in: Rupert Weitgasser: Chronik der Gemeinde Flachau. Die Bauerngemeinde im Strukturwandel vom Eisen- und Hammerwerk zum Fremdenverkehr, hrsg. von der Gemeinde Flachau, Flachau 1999, S. 531–533.

Die idealistische Hinwendung zum Schönen, Wahren und Guten dürfte nicht nur als eine ästhetische, sondern vor allem auch als eine weltanschauliche Schulung gedacht gewesen sein: Nach der Entmenschlichung und dem Terror durch Faschismus und Nationalsozialismus, Holocaust und Soldateska, der Erfahrung von Sinnlosigkeit und der dadurch ausgelösten existenziellen Krise waren die daniederliegenden humanen Werte neu zu kultivieren, Menschen charakterlich zu formen, durch „klassische" Kunst zu veredeln und zu stärken. Das „Klassische" drückte sittliche Erhabenheit aus und stand für eine vornehme ethische Gesinnung, eine normative Lebenshaltung, die unbeschadet die Zeiten überdauert hatte. Dadurch sollten überdies eine optimistische Haltung ausgedrückt und positive Gefühle stimuliert werden. Michael Heltau (*1933) formulierte die Funktion jener populären Hörfunksendung, die bis heute traditionell jeweils am Sonntagmorgen ausgestrahlt wird, so: „Jemand, der zuhört, glaubt, er ist ein besserer Mensch und es ist ein guter Tag. Es ist der Gottesdienst der Kunst!"[189]

Für den 175. Geburtstag von Johann Nestroy 1976, der auf einen Sonntag fiel, unterbreitete Lederer dem österreichischen Rundfunk den Vorschlag, Gedanken und Äußerungen Nestroys zu zentralen Themen seiner Werke oder zu bestimmten Anlässen auszuwählen und im Radio zu Gehör zu bringen. Die Idee stieß auf wenig Gegenliebe, Nestroy passte offenbar nicht in das Konzept der Sendung *Du holde Kunst*, man lehnte das Ansinnen kurzerhand ab. „Das Feierliche der Sendereihe solle gewahrt bleiben", wurde Lederer beschieden. „Nestroy war also nicht hold genug. Das gab mir den Namen *Du holdes Couplet* ein."[190] Acht Jahre später erinnerte sich Lederer an diese Situation, er hatte damit eine passende Anspielung gefunden, die er auf sein neues Programm ummünzen konnte.

Zwischen 1827 bis 1862 war durch Nestroys umfangreiche Produktion von Theaterstücken gleichzeitig der Bestand an Couplets erklecklich angewachsen. Mit 223 Nummern oder etwa 770 Strophen bildeten sie ein riesiges Reservoir, bei dem Lederer aus dem Vollen schöpfen durfte. Für *Du holdes Couplet* wählte er schließlich 23 Lieder aus 20 Stücken sowie ein Lied, das er dem Nachlass Nestroys entnahm. Er bat Karl Heinz Füssl um die Komposition einer passenden, neuen Musik. Die Schwierigkeit dabei lag in dem Umstand, dass ihm Nestroys

---

189 Vgl. Presseaussendung der APA-OTS anlässlich 60 Jahre *Du holde Kunst*, Hommage am 6. und 7. 12. 2005.
190 Lederer: Im Alleingang, S. 96.

Couplets rhythmisch kaum Abwechslung boten und deswegen für den Interpreten die Gefahr des Gleichklangs und des Leierns bestand. Doch Füssl wusste sich zu helfen, um die drohende Monotonie zu durchbrechen. Da er die „Musik aus dem Sprachgestus, aus der Bühnensituation heraus"[191] entwickelte, fand er diffizile Merkmale für die jeweiligen Motive und bestimmte Nuancen zur Unterscheidung, wobei er eine Konkordanz zwischen dem Musikalischen und Gesprochenen herstellte. Er variierte besonders die Intonationen, mit denen er Charakterliches, die Temperamente und Stimmungen der Figuren markierte. Willibalds Couplet „In der Sprachlehr', da sind wir zurück" aus *Die schlimmen Buben in der Schule* legte er beispielsweise einen übermütigen, Wendelins „Na, da müssen ein' bescheidne Zweifel aufsteig'n" aus *Höllenangst* hingegen einen spöttelnden Tonfall zugrunde, für Schnoferls Lied „Na, lasst ma ein' jeden sein' Freud'" in *Das Mädl aus der Vorstadt* fand er eine eher launige Musik. Bei „Lassts mich aus mit der Welt, es is nix ohne Geld" aus den *Eisenbahnheiraten* akzentuierte er die Erregung Patzmanns über die bei jeder Gelegenheit entstehenden finanziellen Auslagen, während er dem Gesang des Herrn von Lips „Sich so zu verstell'n, na, da g'hört was dazur" aus dem *Zerrissenen* eine dramatische Note verlieh. Einen guten Eindruck von Lederers gesanglicher Darbietung und Füssls Interpretation am Klavier erlaubten ein Mitschnitt vom 29. Februar bzw. 7. März 1984, wobei das Wiener Tonstudio Holly 16 der insgesamt 23 Lieder für die Produktion einer Schallplatte aufnahm, sowie eine Tonband-Kassette von Austro Mechana mit denselben Liedern.[192]

Die Couplets bei Nestroy funktionieren als eine Art Reflektor menschlicher Eigenschaften und auffälliger Wesenszüge. Sie spiegeln gesellschaftliche Zustände oder soziologische Phänomene, satirisch verkürzt und drastisch zugespitzt, als jeweils subjektive Sichtweise einer Figur im Stück und mit prononcierter

---

191 Ebd., S. 95.
192 Lederer bringt Nestroy. Sechzehn Couplets, LH 001206 MC.

Aussage wider. Während des Singens wird für den Augenblick im Spiel innegehalten. Das Couplet erfolgt oft wie die Reaktion auf ein bestimmtes Stichwort, das zuvor gefallen ist und jetzt flugs aufgegriffen wird. Daraus entspinnt sich ein Lied, welches auf scheinbar assoziative Weise Gedanken vertieft und Empfindungen ausdrückt, Sachverhalte erklärt, Beobachtungen mitteilt oder Lebenserfahrung vermittelt. Bis zu einem gewissen Grad wird ein moralischer Rigorismus spürbar, der aber nicht unbedingt ideale Verhältnisse einfordert, die ohnehin nicht einzulösen sind, sondern Mängel und Fehler zumindest konkret benennt sowie das Versagen ethischer Vorstellungen und sittlicher Normen aufzeigt. Dabei leitet Nestroy vom Einzelfall Allgemeingültiges ab und abstrahiert es, er formuliert seine Kritik künstlerisch mit den Mitteln der Satire, allerdings mit Rücksichtnahme auf behördliche Vorgaben. Otto Rommel hat auf „die hinreißende Dynamik" jener „verwegen mit Begriffen und seelischen Ein-

stellungen jonglierenden Dialektik" hingewiesen und festgestellt: „in den kasuistischen Couplets Nestroys mit ihren scharf zugeschliffenen Pointen, die sich oft nur um Belanglosigkeiten zu drehen scheinen, steckt zweifellos viel Hintergründiges, um nicht zu sagen: Hinterhältiges. Der Satiriker hatte oft genug einen wahren Eiertanz zwischen Zensurdrohungen von oben und schwer zu berechnenden Voreingenommenheiten von unten aufzuführen."[193]

Nestroy verfuhr im Bereich der musikalischen Einlagen in der Art des Altwiener Volkstheaters insofern innovativ, als er eine vom Modus her inzwischen altertümliche und in der Form erstarrte Gattung auffrischte und veränderte, brisante Inhalte transportierte und eine bis dahin unbekannte, satirisch verschärfte Gangart einlegte, um seine Botschaft zu vermitteln. „Doch das ist kein sanftes Fächeln, das die Gescholtenen angenehm kitzelt. Da schwirrt es durch die Luft, und jeder fühlt sich getroffen. Daß trotzdem keine allzu schmerzlichen

---

193 Otto Rommel: Das Couplet-Werk Nestroys, in: Johann Nestroy, Gesammelte Werke, hrsg. von Otto Rommel, Bd. 6, Wien 1949, S. 585–729, hier S. 598.

Wunden zugefügt werden, dafür sorgt die Zensur und des Autors vorbeugende Umsicht, die von vornherein nur bis an die Grenzen des gerade noch Möglichen geht. Stilistische Vollkommenheit hat den Vers-Kanonaden Nestroys ihre Durchschlagskraft verliehen."[194]

INHALT

In der selektiven Zusammenschau liefert Lederer einen Querschnitt durch das mannigfaltige Figurenspektrum Nestroys, vor allem aber zeigt er die charakterliche Vielfalt und die Abgründigkeit mancher Gestalten, die erst in einer derart verdichteten Präsentation richtig sichtbar wird. Er entfesselt ein biedermeierliches Pandämonium, das sonst nur unterschwellig spürbar ist, das stellenweise verstohlen aufblitzt, wenn die Figuren ihre Masken fallen lassen, weil sie sich in trügerischer Sicherheit wiegen, oder sich selbstvergessen in einem schwachen Moment verraten, weil sie sich nicht belauscht fühlen. „Das ganze spießige Biedermeier-Personal ist komprimiert in Nestroys Couplets enthalten", stellt Lederer im Begleitheft zu seiner Produktion fest, „egoistische Bürger, leichtsinnige Söhne, seitenspringende Frauen, schüchterne Jünglinge ... Die Fadenscheinigkeit der geruhsamen Idylle wird in einem wahren Furioso entlarvt. Die Gemütlichkeit als eine einzige psychische Hölle vorgeführt", schreibt er mit Referenz auf den Herrn von Ledig in der Posse *Unverhofft*.[195] „Verlegenheiten, peinliche Lügen, fatale Verhältnisse und qualvolle Angstzustände lösen einander ab. Viele der Coupletstrophen sind Ausdrücke von Zwangsneurosen, Klaustrophobien und Alpträumen, aus denen der Bedrängte jeden Augenblick zu erwachen hofft. Die Komik der Situation besteht häufig nur für den Außenstehenden, Unbeteiligten, der mit hämischer Schadenfreude die Klemme des Betroffenen verfolgt."

„Höllisches Biedermeier" nennt Lederer Nestroys Zeitsicht, ohne zu vergessen, dass Letzterer, der die Umstände aufmerksam beobachtete und auf die Bühne verpflanzte, ein Produkt seiner Zeit war und dem von ihm kritisierten gesellschaftlichen System mitangehörte, folglich die herrschenden Verhaltensmuster und das Dekorum verkörperte – die liebenswürdigen wie die bedrückenden Seiten der Epoche. Man dürfe nicht vergessen, führt Lederer in der Einführung seines Programms weiter aus, „daß auch Nestroy selbst ein Teil dieser Spießigkeit war. Seine Korrespondenz, mit ihrer seltsamen Geheimniskrämerei gegen die Frau, mit der kleinlichen Bedachtnahme auf äußerliche Rücksichten wie ‚die gute Nachred' oder standesgemäße Begräbnisse beim ‚allenfallsigen Ableben' einer heimlichen Geliebten, beweist dies. Aber Nestroy ahnte eben seine Schwächen selbst und die Couplets waren gewiß kein geringes Ventil, sich über sich und

---

194 Forst de Battaglia, Johann Nestroy, S. 173.
195 Vgl. HKA Stücke 23/I, I,3: „[...] denn nur der geistlose Mensch kann den Harm übersehn, der überall durch die fadenscheinige Gemüthlichkeit durchblickt."

andere lustig zu machen und
das Unbehagen loszuwerden.
Daraus versteht sich auch die
hektische, manische Aggressivität vieler Strophen."
 Der Untertitel des Pro-
gramms, „Strophen und Briefe", weist darauf hin, dass Lederer eine Entlarvung durch
Kontraste beabsichtigte. Viel
stärker noch als bei *Playboy
Nestroy*, wo in der Gestalt des
Theaterdirektors Nestroy immer wieder persönliche Ele-
mente, private Züge und individuelle Aspekte anklingen,

sollte jetzt die menschliche, die allzumenschliche Seite Nestroys gezeigt werden.
Enthalten die Stücke Partikel aus der Lebenswirklichkeit Nestroys und sind seine
Couplets auf irgendeine Weise letztlich „Abschattungen der Persönlichkeit ihres
Schöpfers", wie Lederer Otto Rommel im Programmheft zitiert, dann gilt dies nicht
minder für die Korrespondenz Nestroys, die er über Jahre hinweg mit Freunden
und Kollegen, mit seiner Lebensgefährtin Marie Weiler, Familienangehörigen und
– nicht zu vergessen – Geliebten führte.

 Nicht alle, doch die meisten Couplets sind in Lederers Programm mit einer
adäquaten Briefpassage gekoppelt, wodurch eine antithetische Gliederung entsteht. Auf das Lied folgen Auszüge aus der Korrespondenz Nestroys, anschließend
vermittelt erneut ein Couplet zur nächsten Station, sodass sich eine Kettenstruk-
tur ergibt. Die Texte dekuvrieren sich in ihrer Gegenüberstellung selbst, die
intimen, persönlichen Zeilen der Briefe werden mit Äußerungen Nestroys in den
Couplets, wo er sich öffentlich und künstlerisch formvollendet zu Wort meldet,
konfrontiert und treten dazu in Widerspruch.

 Der Schriftwechsel erlaubt Einblick in die verschiedenen Lebensrollen und
Funktionen Nestroys, die er als Privatier und Geschäftsmann, als Gatte und
Liebhaber teilweise nebeneinander ausübte. Er lässt Vorstellungen vom Men-
schen Nestroy zu, der sich hinter dem Schauspieler und Schriftsteller verbirgt,
und gibt ihn in Momenten preis, wenn er abseits vom Rampenlicht steht. Lederer
enthüllt die gehütete, individuelle Kehrseite Nestroys, welche dieser in seiner
Korrespondenz im Wissen um die Anonymität – das Briefgeheimnis – preisgibt.
Hier artikuliert er Krisen und Zweifel, zeigen sich Schwächen und Marotten.
Lederer blickt hinter die gefällige Fassade und legt jene Lebenswirklichkeit frei,
von der Nestroy unmittelbar betroffen war: von Ängsten und Neurosen, von
Intrigen und Eifersucht, von Sorgen in Beziehungen wie im Beruf.

 Als Grundlage für seine sechste Nestroy-Produktion stand Lederer jene

Ausgabe der Korrespondenzen Nestroys zur Verfügung, die Fritz Brukner 1938 vorgelegt hatte, die eine Auswahl von 57 Briefen, darunter einige, die inzwischen im Original verschollen sind, enthält.[196] Aus dem regen Schriftverkehr Nestroys wählte er 18 Briefe, die er zu folgendem Programmablauf fügte:[197]

1. „Hint' nach is a jed'r a Prophet!"
    Lied des Kilian Sitzmeyer, aus: *Alles will den Propheten sehen* (III,26)
    Nestroy an den Hofschauspieler Carl Wilhelm Lucas, 17. 1. 1836
2. „Meine Feinde soll'n Künstler wer'n nur"
    Lied Kampls, aus: *Kampl oder Das Mädchen mit Millionen und die Nähterin* (III,8)
    Nestroy an den Theaterdirektor Josef Pellet, 29. 9. 1836
3. „Aber's bleibt nit dabei!"
    Couplet des Leinöhl, aus: *Martha oder Die Mischmonder-Markt-Mägde-Mietung* (III,27)
    Nestroy an Adolf Bäuerle, 13. 1. 1840
4. „Da bringt man auf Ehre sein Geld nicht heraus"
    Lied des Kilian Blau, aus: *Der Färber und sein Zwillingsbruder* (III,15)
    Nestroy an den Schauspieler Ignaz Stahl, 2. 8. 1842
5. „Dieses G'fühl – ja, da glaubt man, man sinkt in die Erd'"
    Lied des Federl, aus: *Die Papiere des Teufels oder Der Zufall* (III,8)
    Nestroy an Marie Weiler (1809–1864), 24. 8. 1844
6. „Ich heirat' ein' Alte mit Geld"
    Couplet des Eduard Stritzel, aus: *Die Gleichheit der Jahre* (II,13)
    Nestroy an den Verleger Moriz Märzroth (d. i. Moriz Barach), 22.3.1846
7. „'s hat kein' Hand und kein' Fuß, ist a g'schwollner Diskurs"
    Couplet aus dem Nachlass Nestroys
    Nestroy an den Schriftsteller Josef Karl Böhm, 14. 7. 1848
8. „Ja, hat denn die Sprach' da kein anderes Wort?"
    Lied des Schlicht, aus: *Mein Freund* (II,22)
    – – –
9. „In der Sprachlehr', da sind wir noch zurück"
    Couplet des Willibald, aus: *Die schlimmen Buben in der Schule* (Szene 20)
    Nestroy an den Schauspielerkollegen Wenzel Scholz, 10. 10. 1854
10. „Na, laßt man ein' jeden sein' Freud'"
    Couplet Schnoferls, aus: *Das Mädl aus der Vorstadt oder Ehrlich währt am längsten* (III,11)

---

196 Johann Nestroys gesammelte Briefe (1831–1862), hrsg. von Fritz Brukner, Wien 1938; vgl. Walter Obermaier: Einleitung, in: Johann Nestroy. Briefe, hrsg. von Walter Obermaier, Wien/München 1977, S. 7–11.

197 Diese Abschrift folgt den Angaben im gedruckten Programmheft. Die Angaben wurden mit der Ausgabe der Nestroy-Briefe von Walter Obermaier der HKA verglichen und teilweise ergänzt.

Nestroy an die Schauspielerin Karoline Köfer, 12. 3. 1855

11. „Und die G'schicht' hat ein End'"
Couplet Nebels, aus: *Liebesgeschichten und Heiratssachen* (III,8)
---

12. „Ja, kein Mensch weiß woher"
Lied Nebels, aus: *Liebesgeschichten und Heiratssachen* (I,5)
Nestroy an den Schauspieler und Theatermann Ernst Stainhauser, 15. 4. 1855 und 26. 3. 1856

13. „Laßts mich aus mit der Welt, es is nix ohne Geld"
Lied des Patzmann, aus: *Eisenbahnheiraten oder Wien, Neustadt, Brünn* (II,9)

Pause

14. „Na, da müssen ein' bescheidne Zweifel aufsteig'n"
Lied Wendelins, aus: *Höllenangst* (I,14)
Nestroy an den Regisseur Johann Jungwirth, Herbst 1856[198]

15. „Und glaub'n S', 's is ihm recht? – Gar ka Spur!"
Couplet des Rochus Dickfell, aus: *Nur Ruhe!* (III,13)
Nestroy an den Schauspieler Karl Remmark, 2. 3. 1857

16. „Und 's is nicht der Müh' wert"
Couplet des Pitzl, aus: *Umsonst* (I,9)
---

17. „Solche Fälle, na ja, war'n schon tausendmal da"
Lied des Peter Span, aus: *Der Unbedeutende* (III,16)
Nestroy an Ernst Stainhauser, 11. 4. 1858

18. „Wenn man reden wollt', ließ' sich gar viel drüber sag'n"
Lied des Herrn von Gundelhuber, aus: *Eine Wohnung ist zu vermieten in der Stadt. Eine Wohnung ist zu verlassen in der Vorstadt. Eine Wohnung mit Garten ist zu haben in Hietzing* (III,8)
Nestroy an Ernst Stainhauser, 19. 6. 1858

19. „Drum sag' ich: 's kommt alls auf a G'wohnheit nur an"
Lied des Blasius Rohr, aus: *Glück, Missbrauch und Rückkehr oder Das Geheimnis des grauen Hauses* (V,8)
Nestroy an Ernst Stainhauser, 7. 8. 1860

20. „Das geht mir nicht ein"
Lied des Rochus Dickfell, aus: *Nur Ruhe!* (II,9)
Nestroy an Ernst Stainhauser, 22. 11. 1860

21. „Ja, die Zeit ändert viel!"
Couplet des Titus Feuerfuchs, aus: *Der Talisman* (II,22)

---

198 Richtig müsste es wohl 1855 heißen; freundl. Auskunft von Walter Obermaier.

22. „So is überall halt a Umstand dabei"
Couplet des Fabian Strick, aus: *Die beiden Nachtwandler oder Das Notwendige und das Überflüssige* (II,9)
Nestroy an Ernst Stainhauser, 2. 1. 1861[199]

23. „Sich so zu verstell'n, na, da g'hört was dazur!"
Lied des Herrn von Lips, aus: *Der Zerrissene* (II,11)

———

Unter den Briefen, die Lederer ausgewählt und in chronologischer Folge angeordnet hat, steht am Beginn Nestroys Schreiben an den Hofschauspieler Carl Wilhelm Lucas (1804–1857) aus dem Kerker, wo er eine fünftägige Haftstrafe „wegen Extemporieren in ‚Mädchen in Uniform'" und aufgrund einer Beleidigung des Journalisten Franz Wiest verbüßen musste. Die unverhältnismäßige Strenge der Sicherheitsvorkehrungen und das Strafausmaß provozierten Nestroy zu einer ironischen Schilderung der Verhältnisse im Gefängnis. Er präsentiert sich mitnichten als geläuterter Delinquent und nimmt sich in seiner Kritik kein Blatt vor den Mund:

> Die Bewachung vor einem möglichen echappieren ist so sorgfältig, als ob ich um Zwey Millionen Obligationen verfälscht, 7 Jungfern, à 13 Jahr alt, genothzüchtigt, einige Kinder und diverse Erwachsene umgebracht hätte. Vor meinem Gitterfenster ist ein hölzerner Kobel, damit die Lichte nur von oben eindringen kann, aus Vorsicht, daß ich mit andern Missethätern, Genossen meiner Frevelthaten, nicht vielleicht durch Zeichensprache correspondieren kann. Ich schreibe Dir diese Miserabilitäten nur, damit Du Dir ein Bild machen kannst, wie sehr man in Wien Kunst und Künstler achtet, und mit welcher ausgezeichneten Humanität man sie bey geringen Vergehungen behandelt. (HKA Briefe, Nr. 5)

Einen ganz anderen, nämlich schmeichelhaften, ja geradezu devoten Ton schlägt Nestroy gegenüber Adolf Bäuerle, dem Herausgeber der *Theaterzeitung*, an. Die gesuchte Höflichkeit und sorgfältige Wortwahl hängen wohl nicht nur damit zusammen, dass Nestroy als Bittsteller an Bäuerle herantritt und von diesem den Ausschluss eines missliebigen Rezensenten verlangt, sondern dürften viel eher dem Umstand verschuldet sein, dass Bäuerle durch sein publizistisches Organ in Wien großen Einfluss und Ansehen genoss, von dem auch Nestroy abhängig war. Bekanntlich standen ja beide in „hochachtungsvoller Distanz"[200] zueinander, und obwohl Bäuerle Nestroy in seiner Zeitschrift prinzipiell großmütig beurteilte, durfte es sich Nestroy mit diesem Kritiker nicht verscherzen. Der Brief ist als Zeugnis dafür zu werten, dass Nestroy sich des Machtfaktors, den Bäuerle

---

199 Walter Obermaier verzeichnet im entsprechenden Band der HKA unter Jänner 1861 mehrere Briefe an Stainhauser, aber keinen unter diesem Datum. Vielleicht handelt es sich um einen Druckfehler im Programm und es sollte 22. Jänner 1861 heißen.
200 Vgl. allgem. Gerhard Magenheim: Nestroy und Bäuerle oder Die beinahe uneigennützige Dankbarkeit, in: Nestroyana 15 (1995), S, 93–95, hier S. 95.

darstellte, vollauf bewusst war und deshalb Vorsicht walten ließ beim Versuch, sich mit ihm ins Einvernehmen zu setzen. Er spekuliert mit Bäuerles Eitelkeit und streut ihm Rosen, während er im gleichen Atemzug die Entfernung des ungelittenen Kritikers fordert: „Ihnen, der Sie so viele geistreiche Männer als Mitarbeiter zählen, und der gewiß selbst als der competenteste Kunstrichter dasteht, kann an ein Paar Zeilen Scribeley von so einem Menschen doch nichts gelegen seyn". (HKA Briefe, Nr. 16)

Im Schriftverkehr mit seinem Vertrauten Ernst Stainhauser (um 1810–1893) klingt immer wieder das zeitweise sehr gespannte Verhältnis Nestroys zu Marie Weiler an, nicht zuletzt wegen seiner Affären mit Schauspielerinnen und seines Lebenswandels. Einerseits leidet er an ihrem Misstrauen und den Vorhaltungen seiner Gefährtin, andererseits sehnt er sich, wie das einzige an sie gerichtete Schreiben, das erhalten geblieben ist, beweist, nach seinem „innigstgeliebte[n] theure[n] Weib" und freut sich „auf baldiges frohes Wiedersehen" (HKA Briefe, Nr. 33).

Ein Brief an Ignaz Stahl (d. i. Ignaz Frech von Ehrimfeld, 1790–1862) dagegen wirft ein schiefes Licht auf Nestroy, der dem Freund genaue Anweisungen erteilt, falls während seiner Abwesenheit die Schauspielerin Louise Rusa an den Folgen einer Operation sterben sollte. Neben den genauen Direktiven zum Begräbnis – „Grab ein appartes, ja nicht unter Creti und pleti in ein Dutzendgrab hinein" (HKA Briefe, Nr. 26) – kreist Nestroys Sorge darum, wie er möglichst unauffällig und rasch durch Korrespondenz, die an Deckadressen gerichtet werden sollte, über den Zustand der Genesenden auf dem Laufenden gehalten werden könnte. Aufschlussreich erweist sich Nestroys außergewöhnlich langes Schreiben an die Schauspielerin Karoline Köfer, in dem er, „die Umständlichkeit meiner Proposition" entschuldigend, das Arrangement für eine sonntägliche Begegnung im Prater festlegt. Er entwirft eine elegante Lösung, bei der sich der Stratege Nestroy zeigt, der die Anbahnung seiner Amouren kalkuliert, der sich abzusichern weiß gegen die drohende Gefahr des Skandals und eines möglichen Gesichtsverlusts beim Scheitern des Rendezvous. Unmissverständlich äußert er der Favoritin gegenüber sein Begehren, er sieht schon ganz konkret seine Rolle in der anvisierten Liaison und spricht vorweg die Vorteile an, falls sie seine Zuneigung erwidern wolle: „Meine Ansicht ist die; junge schöne Damen mögen in was immer für Lebensverhältnissen seyn, ein im Stillen begünstigter, beglückter, und dafür dankbarer, discreter Freund ist nie unbedingt zu verwerffen, und selbst, wenn Sie Braut seyn sollten, dürfte Ihnen nach den Flitterwochen ein derart geheimer Freund nicht ohne Nutzen seyn." (HKA Briefe, Nr. 80)

Nestroys Korrespondenz gibt darüber hinaus auch Einblick in berufliche Interna. So muss er sich in einem offenen Brief an Carl Böhm gegen einen Plagiatsvorwurf zur Wehr setzen, den der Kollege angesichts Nestroys Posse *Freiheit in Krähwinkel* erhoben hatte. Nestroy reagiert gegen die „gerichtliche Beschuldigung" heftig und attestiert Böhm „eine Art geistiger Unzurechnungsfähigkeit", die er mit seinem Stück *Eine Petition der Bürger einer kleinen Provinzstadt* bewiesen habe. Was Nestroy harmlos eine „Erwiderung" nennt, entpuppt sich als polemische Invektive. Wenngleich der aggressive Ton Nestroys als Folge auf die verständliche Verstimmung wegen der haltlosen und übertriebenen Anschuldigungen Böhms erklärbar ist, fährt er diesem gegenüber, den er „als einen wenigstens temporär Wahnsinnigen" bezeichnet, schwere Geschütze auf und spricht ihm die Fähigkeit, eigene Einfälle zu entwickeln, ab: „Wenn aber [...] Ihnen je wieder die Idee kommen sollte, man habe Ihnen eine Grundidee gestohlen, so müssen Sie diese Idee gleich vom Grund aus verbannen, als eine grundfalsche Idee, schon aus dem Grunde, weil *Niemand* Grund hat, bei *Ihnen Grund-Ideen, oder Ideen überhaupt zu suchen*." (HKA Briefe, Nr. 47)

Dem befreundeten Schauspieler Karl Remmark (1806–1880) gegenüber jedoch zeigt sich Nestroy gönnerhaft und will dessen Gattin protegieren, die auf die Bühne möchte. Dabei ist er durchaus nicht zimperlich, wie die Diktion des Briefes verrät. Nestroy sieht „die sehr nahe liegende Möglichkeit der Beseitigung [!] des Fräulein Herzog, woraus also der Wirkungskreis für Deine Frau sich gestalten kann" (HKA Briefe, Nr. 119). Mitunter richtet Nestroy jedoch auch selbst einen Hilferuf an einen Freund, so an Ernst Stainhauser, den er in einer finanziellen Verlegenheit ersucht, Geld zu senden, damit er Spielschulden begleichen kann.[201]

PREMIERE

Am 17. September 1984 erfolgte die Wiener Erstaufführung von *Du holdes Couplet* im ‚Theater am Schwedenplatz', wo das Programm den Winter über zu sehen war. Christoph Hirschmann bezeichnete es gar als „eine ‚Leistungsschau' der treffendsten Couplets des großen Wiener Satirikers" und nannte es „ein Programm voller bissiger, vom Wiener ‚Fatalismus' angeknackster Protestsongs gegen die hohle Phrase und den leeren Schein."[202]

Lona Chernel erklärte in einem ausführlichen Artikel in der *Wiener Zeitung*,

---

201 Vgl. zum Beispiel HKA Briefe, Nr. 96.
202 [Christoph] Hirschmann: Nestroy-Couplets am Schwedenplatz, AZ, 19. 9. 1984.

warum Herbert Lederer sich diesmal im Unterschied zu früheren Nestroy-Produktionen auf Lieder und Briefliches konzentrierte:

> Johann Nestroy verpackte in seine unzähligen Couplets wie in seine Stücke schärfste Gesellschaftskritik, bissigen hintergründigen Witz. Er entlarvte! Er demaskierte die Heuchler, die falschen Biedermänner und die verlogenen „Lichtputzen". Er ging den Dingen auf den Grund, zeigte, was hinter der Fassade war, was sich hinter angeblichem Wohlwollen, vorgespiegelter Moral, zur Schau gestellter Verächtlichkeit verbarg. Er verfolgte die Spießer männlichen und weiblichen Geschlechts mit scharfen Worten, ließ an ihnen kein gutes Haar. In seinen Couplets kommen sie alle vor: die Geizhälse, die Hartherzigen, die Egoisten, die liederlichen Frauen, die betrügenden Ehemänner, die skrupellosen Ausnutzer, die Gecken usw. Nestroy sah die Fehler seiner Zeitgenossen ins Überdimensionale vergrößert und präsentierte sie auch so.
>
> Seiner Coupletauswahl stellt Lederer Briefe des Dichters gegenüber. Und diese zeigen eigentlich einen anderen Nestroy: bedenklich, überlegend, einsichtig, teilweise sogar gemütlich. Freilich sind auch aufbegehrende und sarkastische Briefe darunter, doch die anderen überwiegen weitaus.
>
> Die Nestroy-Forscher zerbrechen sich seit langem die Köpfe über alles, was den Dichter betrifft. Herbert Lederer wollte nicht forschen, keine Entdeckungen oder neue Erkenntnisse anbieten. Er stellte ganz einfach ein abwechslungsreiches Programm zusammen, stimmte die Couplets und Briefe glänzend aufeinander ab. [...]
>
> Lederer ist als Darsteller wieder einmal voll Temperament bei der Sache. Er spricht, singt, spielt die Briefe vor. Und läßt den Theaterbesucher einen Blick in die gar nicht so gemütliche, beschauliche Welt des Biedermeier tun.[203]

Die *Volksstimme* hob die gelungene Auffrischung und die souveräne Darbietung, die von den üblichen Nestroy-Inszenierungen erfreulich absteche, hervor:

> Nestroy wird hierzulande meist in einem seltsamen Gemisch serviert: Die outrierten Gesten korrespondieren mit dem karierten Wams, dazu ein Schuß vermeintlich prickelnd wirkender Aktualisierung. Die Wirkung ist bekannt.

---

203 Lona Chernel: Im Leben und auf der Bühne, Wiener Zeitung, 19. 9. 1984.

Nach Jahrzehnten dieser Hausmannskost ist das Sträuben, dies abermals genießen zu müssen, mit dem vor einem Schluck Hustensaft zu vergleichen. Pur – ohne schale Zutaten ist der Nestroy, den Herbert Lederer in seiner 36. Produktion „Du holdes Couplet" bietet. Das Tableau, zu dem sich 23 Couplets (weniger wäre vielleicht mehr) formen, ist nicht das für einen toten Erzbischof, sondern für einen alten Mimerer, wie sich Nestroy selbst nannte. Nestroy ist seinen Bürgern schon richtig an den Leib gerückt. Die Eitelkeiten sind noch frisch im Spiel Lederers, das Jahrhundert merkt man ihnen nicht an.

Die Gemütlichkeit des Biedermeiers als psychologische Hölle. Nestroy selbst steht jedoch nur in seinen Couplets über diesen Höllen. Im Leben mischte er mit als Kind seiner Zeit, intrigierte und pflegte seine Seitensprünge, wie die Briefe zwischen den Couplets beweisen.[204]

Georg Biron (*1958) mutmaßte, ausgehend vom aktuellen Programm, über die Bühnenarbeit Lederers und seine Intentionen:

Herbert Lederer will verantwortlich sein, Rollen spielen, die er sich durch die Dramatisierung von Lyrik oder Epik selbst auf den Leib schneidert, er will Regisseur sein und findet es unerträglich, was an den Wiener Theatern zumeist auch aus Nestroy gemacht wird – ein liebliches Biedermeier, das in Wirklichkeit „ein höllisches Biedermeier" war.

Er orientiert sich auch viel lieber an Erfahrungen, die er an kleinen Theatern gemacht hat – etwa an der legendären Wiener „Scala" – und ist sehr betrübt über den Niedergang der Sprache in diesem Land. Schuld daran, so Lederer, seien die Medien mit ihrer Scheinrealität, die typisch Österreichisches entwurzle. Deshalb liebt er auch Autoren aus der Vergangenheit mehr als die der Gegenwart, von denen er aber manche sehr gerne in Szene setzen würde, doch der bürokratische Dschungel der Nebenrechte und die oft unverschämt hohen Forderungen der Verlage lassen ihn auf Dichter zurückgreifen, die bereits lange das Zeitliche gesegnet haben und deren Rechte verfallen sind.

Wenn Lederer sich aber hinstellt und Nestroy auf sein Publikum losläßt, dann glaubt man, Nestroy lebt – und mit ihm seine Wahrheit.[205]

Zehn Jahre später gab es noch einmal die Gelegenheit, dieses Programm im ‚Theater am Schwedenplatz' zu erleben. Zur Wiederaufnahme am 28. Dezember 1995 hieß es in der *Wiener Zeitung*:

Lederer macht es seinem Publikum nicht leicht. Wer sich erwartet, einen Nestroyschen Schlager nach dem anderen zu hören, der wird enttäuscht

---

204 Robert Streibel, Nestroy pur, Volksstimme, 20. 9. 1984.
205 Georg Biron, Der Lederer, in: Das Magazin, 1984, H. 11 (November), S. 61.

sein. Denn die Couplets, die Lederer ausgewählt hat, stammen zum Großteil aus wenig gespielten, teils unbekannten Nestroy-Stücken, oder aus dem Nachlaß. Und er verzichtet auf jegliche Aktualisierung. Alles an diesem Abend stammt ausschließlich aus Nestroys Feder. Kein in letzter Zeit so beliebter Nestroy-Klamauk, keine Extempores, keine clownesken Einlagen. Aber die braucht es gar nicht, denn Herbert Lederer ist ein erprobter Nestroy-Interpret, ein Meister der Zwischentöne, der auch seine Physiognomie und seine Statur erfolgreich in den Dienst der Nestroy-Interpretation stellt. Die ernsthafte und trotzdem vergnügliche Auseinandersetzung mir [sic] Nestroy steht auch am Silvesterabend auf dem Programm.[206]

---

206 Brigitte Suchan: Nestroy wie er leibt und lebt, Wiener Zeitung, 30. 12. 1995.

8.
DIE UNGLEICHEN ZWILLINGSBRÜDER

ENTSTEHUNG

Beim Titel von Lederers siebter und zugleich letzter Nestroy-Produktion denkt man unwillkürlich an die Posse *Der Färber und sein Zwillingsbruder*, die am 15. Jänner 1840 im Theater an der Wien uraufgeführt worden war. In diesem Stück hatte Nestroy für sich ausnahmsweise eine Doppelrolle vorgesehen, in der er alternierend die Geschwister Blau verkörperte, um „die Inkompatibilität von Kilian, dem Zivilisten, und Hermann, dem Militaristen, anschaulich zu machen."[207] Tatsächlich findet sich die von Nestroy vorgegebene Janusköpfigkeit dieser Zwillingsbrüder bei Lederer wieder. Im Unterschied zur Vorlage lässt er freilich das grundsätzliche Thema des Krieges sowie die damit verbundenen Aspekte des Martialischen und der Heroisierung außer Acht. Viel eher strebt er eine Charakterstudie an, wobei sich die Protagonisten im Laufe des Stücks durch ihre Reden vorstellen und durch Gedanken, die sie beschäftigen, allmählich Kontur gewinnen. Spiegelbildlich strich Lederer den Antagonismus der Figuren durch eine entsprechende Fotomontage auf dem Deckblatt des Programmheftes heraus. Nach eigener Aussage wollte er eineiige Zwillinge vorstellen, die sich äußerlich ähneln, jedoch bei genauerem Hinsehen nichts miteinander gemein haben. Ein Sanguiniker und ein Melancholiker agieren in diesem Programm auf einer zweiteiligen Bühne, die entsprechend der Veranlagung der beiden einesteils düster – in grauen, violetten und schwarzen Tönen –, andernteils bunt – hellgrün, orange, rosa – gehalten ist. Das System, die Zimmer in den typischen Farben ihrer Bewohner zu halten, ist bei Nestroy vorgeprägt. Er hat es am konsequentesten in *Das Haus der Temperamente* (1837) angewandt und dort das Geschehen auf einer vierteiligen Simultanbühne angesiedelt, während er in seiner zwei Jahre zuvor geschriebenen Lokalposse *Zu ebener Erde und erster Stock oder Die Launen des Glückes* zwei Wohnungen im Querschnitt zeigt, in denen die Handlung gleichzeitig abläuft. Dieses Modell konnte Lederer adaptieren, mit dem wesentlichen Unterschied aber, dass bei ihm aufgrund der eingeschränkten Möglichkeiten auf der Bühne keine komplizierten Einrichtungen Platz fanden und wegen seiner solistischen Vorstellung ein gleichzeitig an zwei Orten stattfindendes Geschehen von vornherein ausscheiden musste. Lederer ordnete die Räumlichkeiten auch nicht über-, sondern nebeneinander an. Die beiden Zimmer wurden durch Kulissen aus weißem Naturpapier abgesteckt, die Lederer mit Dispersionsfarben derart bemalt hatte, dass sie Scheinarchitektur vortäuschten. In der Mitte, als Abgrenzung, lag ein kleines stilisiertes Blumenbeet, das ein starker

---

207 Schmidt-Dengler, Nestroy. Die Launen des Glückes, S. 127.

Baumast überragte. Dieser Ast sollte gegen Ende der Aufführung eine wichtige dramaturgische Bedeutung bekommen. Wie das spärlich vorhandene Mobiliar – ein Tisch, ein Sessel, ein Fauteuil – sowie der Fensterrahmen war die Anordnung derselben mit wenigen Handgriffen veränderbar. Auf diese Weise vollzog sich der Szenen- und damit der Ortswechsel vor dem Publikum, was der Aufführung zusätzlich Lebendigkeit verlieh: Der Wandel wurde ganz bewusst als Teil des Stücks inszeniert.

Die einander auf der Bühne abwechselnden Brüder Froh und Fad heißen in Lederers Produktion wie ihre Namensvetter in Nestroys *Das Haus der Temperamente*, als Alternativen dazu hatte Lederer auf einem Karton mit Stoffproben für die Kostüme „Franz" (= Fad) und „Fritz" (= Froh) angegeben.[208] Die Unterschiede zwischen den beiden stechen schon optisch ins Auge: Froh trägt eine bunte, geblümte, in einer anderen Szene eine bunt karierte Weste und ist mit einem rot karierten Regenschirm versehen, Fad hingegen besitzt eine ungemusterte Weste in Dunkelviolett. In Grau gehalten sind das Halstuch und seine Hose, ebenso wie das Haar, während Frohs Frisur wie jene des Titus Feuerfuchs in *Der Talisman* leuchtendes Rot zeigt – die Perücke war von Erna Perger aus einem Strumpf angefertigt worden, in den sie rote Wollfäden gehäkelt hatte.

Abgesehen von einigen Textstellen, die Lederer Nestroys *Der Färber und sein Zwillingsbruder* entnahm, gab es keine weiteren Übereinstimmungen. Lederer bemühte sich in dieser Produktion vor allem darum, aus den weniger geläufigen Stücken Nestroys zu schöpfen. Sehr vieles habe er der Burleske *Zwei ewige Juden und keiner* entlehnt, einem Stück, das bereits bei der Uraufführung 1846 durchgefallen war. Etliches stammt aus *Mein Feund*, anderes aus *Höllenangst* oder *Das Mädl aus der Vorstadt*.

Zunächst hielt Lederer, wie bei den Produktionen zuvor, mit der Schreibmaschine probate Zitate aus den Stücken Nestroys fest. Anschließend suchte er nach weiteren passenden Stellen und fügte diese in die vorhandenen Passagen ein oder erweiterte sie dadurch. Auch wenn er die Überleitungen selber ergänzen oder die bestehenden Teile zumindest so umformulieren musste, dass sie sich in den beabsichtigten Handlungsablauf einbinden ließen, hielt er sich dabei so eng wie möglich an die Vorgaben, weil es gerade bei Nestroy auf die Genauigkeit bei der Wiedergabe seiner Worte ankommt. Extemporieren, weiß Lederer, eignet sich bei Nestroy nicht, denn eine Pointe in einem Satz etwa kann nur dann aufgehen, wenn er vom Schauspieler oder Rezitator korrekt reproduziert wird.

Unter die Texte mischte Lederer insgesamt sechs Couplets, die in folgender Reihenfolge vorgetragen wurden:[209]

1. Ouvertüre – „'s kommt alles auf a G'wohnheit nur an", aus: *Glück, Missbrauch und Rückkehr oder Das Geheimnis des grauen Hauses*

---

208 Abgelegt im Ordner *Die ungleichen Zwillingsbrüder*.
209 Angeführt und ergänzt nach einer handschriftlichen Aufstellung Lederers im Ordner *Die ungleichen Zwillingsbrüder*.

2. Froh – „In der Sprachlehr' da sind wir noch z'rück", aus: *Die schlimmen Buben in der Schule*

3. Fad – „Na, da kann man sich denken", aus: *Theaterg'schichten durch Liebe, Intrige, Geld und Dummheit*

4. Froh – „'s bleibt nicht dabei!", aus: *Martha oder Die Mischmonder-Markt-Mägde-Mietung*

5. Fad – „Was z'viel is, is z'viel", aus: *Freiheit in Krähwinkel*

6. Froh – Gold-Couplet, aus: *Der Kobold oder Staberl im Feendienst*

INHALT

Es ist hier nicht der Ort, den Ablauf dieses Programms in jedem Detail wiederzugeben, es sollen aber wenigstens die Strukturen in groben Zügen vorgeführt und damit wesentliche Argumentationsstränge erkennbar werden.

Nach dem einleitenden Lied tritt Fad, bekleidet mit einem kupferbraunen Morgenmantel und einer gleichfarbigen Schlafmütze, auf und verlangt wie der Schauspieler Arthur in *Umsonst* (I,5) und Schafgeist in *Nur Ruhe!* (I,2) nichts weiter als seinen Frieden:

> Ein Tausendkünstler hat einmal annonciert, daß er am Schluß der Produktion in eine Champagnerflaschen kriechen wird; glaubwürdige Augenzeugen versichern, er ist nicht hineingekrochen, sondern unmittelbar vor dem Kunststück abg'fahren; wenn er aber wirklich hineingekrochen wär' in die Flaschen, dann hätt' er darin ungefähr das Gefühl gehabt, was ich auf manchen Strecken meines Lebens g'habt hab. Damit muß ein End sein. Ich will meine Ruh. Die Leut begreifen das nicht. „Ein Mann in die besten Jahr wie Sie", sagen s', „wo Sie doch so rüstig sind!" Ich mag aber nicht mehr rüstig sein! Ich will mich mit unermüdlichem Eifer rastlos auf die Ruhe verlegen. Da sollen die Leut sagen, was sie Lust haben. G'red't kann über mich werden was will, also genieren mich die alten Weiber nicht. Ich hab keine Frau, also genieren mich die jungen Herren nicht. Ich hab keine Prozeß, also geniert mich 's Zivil nicht. Ich hab keine Tochter, also geniert mich 's Militär nicht. Mit einem Wort: mich geniert gar nix, ich will nur meine Ruh'...[210]

Seiner Veranlagung gemäß vertritt er eine pessimistische Weltsicht und erinnert in seiner Melancholie an Schmerz im *Haus der Temperamente*, vor allem aber an den Herrn von Trüb, der angesichts seiner Trauer um die verstorbene Gattin ebenfalls von einer latenten Todessehnsucht erfüllt ist. Seine morbide Stimmung drückt sich durch Metaphern aus, die Roth im Zauberspiel *Müller, Kohlenbrenner und Sesselträger oder Die Träume von Schale und Kern* verwendet, um den Fatalismus menschlichen Lebens zu beschreiben, gegen den der Einzelne hilflos sei: „Aus der Urne des Schicksals werden die Lose des Menschen gezogen; wenn

---

210 Zit. nach dem Typoskript Lederers, abgelegt im Ordner *Die ungleichen Zwillingsbrüder.*

ich den Buben beuteln könnt, der das meinige gezogen hat, – ich thät's." (HKA Stücke 7/II, I,3)

Fad definiert die Erde als einen Spielball überirdischer Mächte, die mit ihr genauso verfahren wie mit den Bewohnern des Planeten, die in Abhängigkeit zu den unsichtbaren Kräften stünden und dem Gutdünken der göttlichen Sphäre ausgeliefert seien: „Wenn man den Weltlauf so betracht't, so muß einem das auffallen, wie der Himmel die Welt laufen läßt. Er schaut sich gar nicht viel um um sie, aber sie muß doch laufen, wie er will. Ja, kommod hat sich's der Himmel eingericht't, da ist gar nichts zu sagen."[211]

Immerhin, meint Fad, dessen Sicht des Schicksals inhaltlich in vielem dem Couplet des Vincenz aus *„Sie sollen ihn nicht haben"* oder *Der holländische Bauer* (I,26) gleicht, gebe es ein Ventil für die geplagte menschliche Kreatur, wenn schon keine Befreiung von der oktroyierten Gewaltherrschaft: „Nur eines hat das Schicksal vor den irdischen Tyrannen voraus, nämlich das, daß man ungeniert darüber schimpfen kann. Es nutzt ein'm zwar gar nix, aber man wird doch wenigstens zu keiner Verantwortung gezogen, und das is schon eine schöne Sach'."[212] Das Schicksal, die anonyme Macht, die überall dahintersteckt und sich vor niemandem verantworten muss, definiert er übereinstimmend mit Nestroys Bühnenfigur Fatum in *Die Familien Zwirn, Knieriem und Leim oder Der Weltuntergangstag:* „Es ist etwas Prächtiges, das Schicksal zu sein, man tut rein gar nichts, und am Ende heißt es bei allem, was geschieht, das Schicksal hat es getan." (HKA Stücke 8/I, I,5)

Fad stellt sich als Skeptiker vor, der die Winkelzüge des Schicksals längst durchschaut hat. Er lässt sich von ihm nicht weiter täuschen, vielmehr habe er dank seiner Lebenserfahrung erkannt, dass es auf tönernen Beinen stehe, vergleichbar mit jenen Menschen, die fragwürdige Positionen oder Verdienste erworben hätten: „Warum tragt so mancher Goldstickerei auf'm Frack, während er Eisenschmiederei um die Hosen verdient?", fragt er sich deswegen mit Wendelin in *Höllenangst.* „Aber zu was viel reden, man sieht's deutlich, das Schicksal hat abgewirtschaftet. Verständlich, daß ich sehr früh am Schicksal zu zweifeln ang'fangen hab."[213] Den Zirkelschluss seiner Argumentation vollzieht er gleichfalls wie Wendelin: „na, ja, warum soll ich denn nicht zweifeln, wenn's

---

211 Ebd.
212 Ebd.
213 Ebd.

mir eine Erleichterung verschafft? Zweifeln kann man an allem, und unter zehnmal zweifelt man neunmal gewiß mit vollem Recht." (HKA Stücke 27/II, I,14)

Fad übt sich in Bescheidenheit und strebt nach quietistischen Idealen. Während andere in ihren Vorstellungen vermessen seien, ihre Begabung missachteten, sich ihrer Lebensbestimmung entzögen und deshalb im Leben scheiterten, übt er wie Schlicht in *Mein Freund* Zurückhaltung, denn:

> [...] ich hab' einen Zieg'ldecker gekannt, der wie eine Katz herumg'stiegen is auf die höchsten Dächer, und bey'm Nachhausgeh'n, is er fast täglich auf 'n eb'nen Boden g'fall'n; – ich hab einen öffentlichen Redner kennt, der hat sich z' Haus ka Wort z' sagen traut – ich hab einen Sessseltrager kennt, der hat die dicksten Herrn g'tragen wie nix, und seine hagere Gattin war ihm unerträglich – mit ein'n Wort, das menschliche Talent is meistens nur in einer speciellen Richtung ausgebildet [...]. (HKA Stücke 30, II,25)

Dann kommt er auf Froh, sein Alter Ego, zu sprechen und stellt ihn wie Kilian in *Der Färber und sein Zwillingsbruder* vor: „ich hab einen Zwillingsbruder, wier sind nehmlich alle zwey Zwilling er is der Zwilling von mir und ich bin der Zwilling von ihm" (HKA Stücke 16/I, I,5). Diesem überlässt er schließlich das Terrain.

Froh steht lachend vor dem Spiegel, bindet sein Halstuch um und spricht dabei, analog zu Schlicht im Vorspiel (Szene 3) von *Mein Freund*, über die Gewohnheit:

> Der Mensch ist aber mit der Gewohnheit verwachsen. Das Atemholen ist auch nur eine Gewohnheit; wenn man sich's aber abgewöhnt, ist man hin[.] Und das wär' gewiß bedauerlich, denn [d]ie Welt ist schön! Es gibt zwar fast lauter Unzufriedene drauf; das soll von der menschlichen Ungenügsamkeit kommen. Nicht wahr is's! Das kommt von der Genügsamkeit, denn wer ist genügsam? Der, welcher mit allem zufrieden ist. Jeder Mensch wär aber mit allem zufrieden, wenn er alles hätt', weil aber kein Mensch alles hat, drum sind alle unzufrieden. – Ich laß nix kommen über die Welt, wenn auch dann und wann was über mich kommt.[214]

---

214 Zit. nach dem Typoskript Lederers, abgelegt im Ordner *Die ungleichen Zwillingsbrüder*.

Im Gegensatz zu Fad erweist er sich durchweg als Optimist, der dem Leben stets eine heitere Seite abgewinnen kann. Großzügig und leichtsinnig sieht Froh die Welt und stößt sich nicht an den bedrückenden Facetten. Er lässt – wie Schlicht – die Schattenseiten nicht wie Fads getrübte Linse hypertroph erscheinen, sodass sie schließlich die Lebensfreude lähmen, und liest sie nicht als Pars pro Toto der rau mit den Menschen umspringenden Schicksalsmacht:

> Da sagen die Weltverleumder, wenn's schön wär' auf der Welt, gäbet's nicht so viel Selbstmörder, die sich 's Leben nehmen. Mein Gott, die paar machen's nicht aus; es gibt weit mehr Selbstmörder, die sich 's Leben nicht nehmen, die sich grad durch das umbringen, daß 's z' lang auf der Welt bleiben; das ist doch ein klarer Beweis, daß 's ihnen da g'fallt.[215]

Beim Anblick der Natur gerät er ins Schwärmen und fantasiert wie Peter Dickkopf in *Heimliches Geld, heimliche Liebe* von den Tropenwundern – Lederer verwendet hier übrigens dieselbe Passage, die er bereits in seinem Programm *Brecht und Nestroy* dem namenlosen Protagonisten in den Mund gelegt hatte. Froh entdeckt überall Dinge, die ihm das Leben versüßen, und sei es nur der Rausch nach einer durchzechten Nacht, in dem er gleich Longinus in *Dreißig Jahre aus dem Leben eines Lumpen* schwelgt:

> das Gefühl, ja, das laßt sich nicht beschreiben, das muß man empfinden, wenn man so um 3 Uhr nach Haus wackelt, da fühlt man den wahren Lauf der Natur, wie sich die Erde um ihre Axe dreht, denn man hat keinen sichern Tritt. Glückt's einem dann, daß man nicht auf der Gassen liegen bleibt, so fallt man zu Hause neben dem Bett nieder und schlaft auf dem Stiefelknecht comifo[216]. (HKA Stücke 1, I,4)

Mit Longinus in *Dreißig Jahre aus dem Leben eines Lumpen* (I,4) ergeht er sich über das Reisen, dessen Risiken er herunterspielt, und gelangt zur Philosophie, die er, erneut wie Schlicht aus *Mein Freund*, relativiert und als überzogene Ambitionen betrachtet: „Schon Dreytausend Jahr lebt die Philosophie davon, daß ein Philosoph das behauptet, was der andere verwirfft, daß Einer gegen Alle, und Alle gegen Einen sind, und Keiner sich vor der Gefahr des Unsinns fürcht't" (HKA Stücke 30, Vorspiel, Szene 13). Er hingegen, ist er sich mit Schafgeist aus *Nur Ruhe!* einig, verlangt vom Leben nichts weiter, als „den Rang eines rechtschaffenen Mannes zu behaupten, und in der Branche sind so viele Stellen vacant, daß einem das Bisserl Concurrenz gar nicht geniert" (HKA Stücke 20, I,2).

Froh lässt sich durch die schlechten finanziellen Verhältnisse nicht die gute Laune verderben und hält es für eine Art unabänderliches Naturgesetz, dass das Geld nicht gerecht unter den Menschen verteilt wird. Die pekuniäre Frage taucht in Lederers Programmen, beginnend mit *... doch nicht umsonst!* über *Brecht und*

---

215 Ebd.
216 D. h. comme il faut.

Nestroy bis hin zu den *Ungleichen Zwillingsbrüdern*, wiederholt auf, sie beschäftigte Nestroy offenbar ständig. Dieser bewies selber eine sachliche Grundhaltung dem Geld gegenüber, dem er weder Kultisches in der Gestalt des Mammons zubilligte noch Verwerflichkeit und Verachtung zollte. „Er hielt die kapitalistische Entwicklung für unvermeidlich, ohne sie zu beschönigen. Geld zu haben, war gut; es heilig zu sprechen, dumm und unaufrichtig."[217]

Zwei weitere Szenen des Programms *Die ungleichen Zwillingsbrüder* seien herausgegriffen, die Herbert Lederer in Form von Lebensberichten aufgebaut hat. Die Vergangenheit Frohs ist weitgehend identisch mit jener Peter Spans aus dem *Unbedeutenden* oder der des Faktotums Ignaz in Lederers erster Nestroy-Produktion ... *doch nicht umsonst!* Der Sermon soll das Scheitern der beruflichen Karriere plausibel machen, außerdem werden die Gründe für die Weichenstellung hin zu einer unsteten, liederlichen Lebensweise ersichtlich:

> Ich hätt sollen ein Schneider werden, da hab ich mir aber denkt, zu Grund gehen kann wohl jeder Mensch, aber gerade durch d i e zu Grunde gehen, die man kleidet, deren Blöße man deckt, dieser Undank muß zu schmerzlich sein, und ist doch das allgemeine Schneiderloos.
> Ich hätt sollen ein Schlosser werden, aber wer Sinn fürs Freie hat, hab ich mir denkt, der kann kein Talent zu Schloß und Riegel haben. –
> Ich hätt sollen ein Bäck werden, aber so ein schlaftrunkenes Mehlgespenst hat immer etwas Mitleiderregendes und Unheimliches für mich gehabt; denn wenn ein Bäck auch keinen Geist hat, so hat er doch viel von einem Geist, er is weiß, geht um bei der Nacht, und sehnt sich nach Ruhe, die ihm nimmer wird – das sind offenbar die Haupteigenschaften von einem Geist. (HKA Stücke 28/II, I,13)

Mit Interesse liest Froh in der Zeitung von einer Aufführung der *Maria Stuart* – das gibt ihm Gelegenheit, sich als Theaterkenner auszuweisen, der das Fach von der Pike auf kennengelernt habe, eine Episode seines Lebens, der er rückblickend mit nostalgischem Gefühl begegnet. Froh schildert diese Ära ähnlich wie Conrad in Nestroys *Theaterg'schichten durch Liebe, Intrige, Geld und Dummheit* (I,4). Er schimpft nachträglich noch über jene, die damals seine Schauspiel- und Vortragskunst bezweifelten, und beschönigt wortgewandt die für ihn peinliche Situation:

> Die Verleumder hab'n nachher g'sagt, ich hab schlecht deklamiert. Nicht wahr ist's! Ich bin bloß in Berücksichtigung verschiedener Gedächtnisverhältnisse beim ersten Vers stecken 'blieben und hab' dann die andern aus bescheidener Konsequenz verschwiegen (das ist ja noch nicht schlecht deklamiert!).[218]

---

217 Ernst Fischer: Johann Nestroy, in: ders.: Von Grillparzer zu Kafka. Sechs Essays, Wien 1962, S. 125–207, hier S. 198 f.

218 Zit. nach dem Typoskript Lederers, abgelegt im Ordner *Die ungleichen Zwillingsbrüder*.

Die Verhältnisse im Theater und sein Niedergang verdrießen ihn, für die Artikulation seines Unmuts zieht Lederer noch einmal den Vergleich Christophs mit der Kochkunst aus der *Fahrt mit dem Dampfwagen* (Szene 7) heran, mit dem er früher seinen Hausknecht Ignaz in *... doch nicht umsonst!* ausgestattet hatte. Ungeachtet des Wermuttropfens, der auf seine Theaterseele gefallen ist, hält Froh Thalia die Treue, denn „ohne Theater könnt' ich nicht leben! *(eilt geschäftig ab).*"[219]

Durch dieses Stichwort wird Fad auf den Plan gerufen, der – als Konterkarikatur zu seinem Vorgänger – nun seinerseits eine völlig negative Sicht verbreitet. Er verteufelt die Bühnenkunst als überflüssigen Schnickschnack und bezeichnet sie sinngemäß als zeitraubende Zumutung. Seine Suada basiert auf dem von Lederer modifizierten Gespräch zwischen Klauber und Schrollmann (II,3) in *Die Papiere des Teufels oder Der Zufall*, mit der er sich als unverbesserlicher Raunzer enttarnt:

Laßt's mich aus mit dem Theater! Mir ist so ein pfiffiger Harfenist noch lieber als das ganze Theater. Da kann man doch wenigstens rauchen dabei. Und schauen Sie, die Lieder vom Harfenisten, das is halt ganz was anders – unter sechzehn G'stanzln hört keiner nit auf. Auf'n Theater, da singt einer a zwei, drei notige Strophen, daß's pufft. Nachher soll man erst wieder applaudieren wie a Narr, daß er noch amal außigeht und a G'setzl als Zuwag' draufgibt – das is gar dumm! Und schon das Unangenehme, daß man nicht rauchen kann dabei. Das ist ja das Schönste, wenn man so zuhört und laßt 's recht dampfen! Aber am Theater glauben s', sie oben allein haben 's Privilegium, ein' blauen Dunst vorzumachen.

Er bevorzugt eine wohlfeilere und bequemere Freizeitbeschäftigung: „Wenn ich Zerstreuung will, muß ich nur beim Fenster hinausschauen."[220]

Fad mimt einen Menschenfeind vom Zuschnitt Molières, der sich wie der

219 Ebd.
220 Ebd.

Dichter Leicht in *Weder Lorbeerbaum noch Bettelstab* an der geistigen Bedürfnislosigkeit und am gewöhnlichen Hedonismus der breiten Masse stößt, die gewöhnliche Ideale pflegt und bloß den Bauch statt den Kopf füllt:

> Wenn das Volck nur fressen kann. Wie s' den Speisenduft wittern, da erwacht die Eßlust, und wie die erwacht, legen sich alle ihre Leidenschaften schlafen; sie haben keinen Zorn, keine Rührung, keine Wuth, keinen Gram, keine Lieb', keinen Haß, nicht einmahl eine Seel' habn s'; nix haben s', als einen Apetit. (HKA Stücke 8/II, II,20)

Ebenso wettert er gegen die jungen Mädchen und Männer, die früh heiraten und eine gute Partie wollen, um versorgt zu sein; dabei blickt er jedoch voyeuristisch mit dem Fernrohr aus dem Fenster und beobachtet neugierig das Treiben in der Umgebung. Seine giftige Rede ist mit jener Hermanns in *Der Färber und sein Zwillingsbruder* identisch:

> [...] „Ja Herr Schwiegersohn, Sie sollen unsere Tochter haben." [...] „O, ich danck Ihnen, Herr Schwiegerpapa, für diese Gnad', und dieses Glück," jetzt wird unsinnig g'fressen auf'n Ehrentag; nacher mit dem Gürtel mit dem Schleyer reißt der schöne Wahn entzwey, dann geht das maschinenmäßige Werckstatt-Leben fort, ein Tag wie der andere; nur der Sonntag macht eine gläserne Ausnahme, da wird in's Wirtshaus gangen mit der ganzen Famili und Freundschaft, da kann man den Wein Maßweis trincken, und man kriegt doch kein Rausch, so nüchtern is der Discurs, der da g'führt wird, – das wär' so eine Existenz für mich. (HKA Stücke 16/I, I,3)

Von der Heirat ist es für ihn nur ein kleiner Sprung zur Liebe allgemein, bei der oftmals Geschmacklosigkeit bewiesen und wenig Takt gezeigt wird. Die Sichtweise folgt dem Gedankenaustausch zwischen Nebel und Fett in *Liebesgeschichten und Heiratssachen*, den Lederer für sein Programm eingerichtet hat:

> Soviel is gwiß, heimliche Liebe is immer was Nobles, die Liebe zur Schau

tragen[,] das is etwas Ordinärs, und wenn zwey Liebende, die z'Haus
G'legenheit gnug hab'n, sich vor d' Leut hinstellen mit ihre Zärtlichkeiten
und G'schichterln und Händedruckerln und Busserln und abg'stochene
Kalbsaugerln, das is 3 Grad unter pintscherlgemein. (HKA Stücke 19, I,14)

Apropos Liebe – darin ist der Bruder Froh ein Experte, der sich nun wieder in
umgekehrter, also positiver Weise über amouröse Begegnungen und die Vereh-
rung von Frauen kenntnisreich äußert. Seinen Auftritt leitet er ein mit der
Feststellung „Der Weg von der Freundschaft zur Liebe ist eine blumenreiche
Bahn", die Schladriwux in der Lokalposse *Die Gleichheit der Jahre* (HKA Stücke
7/I, III,12) gehört; daran fügt sich ein Absatz, den Lederer ganz im Sinne Nestroys
geschaffen hat. Nach den allgemeinen Bemerkungen über Blumen spricht Froh
wie Schnoferl in *Das Mädl aus der Vorstadt* (II, 5), wie Gottlieb in *Der Schützling*
(IV,8) und wie Herr von Ledig in *Unverhofft* (I,3):

„Laßt Blumen sprechen", wie man so sagt. Wie macht man das? Na, sehr
einfach: man überrascht die Angebetete mit einem Blumenstrauß. Nur:
womit kann man heutzutage noch überraschen – wo einer dem andern an
Großartigkeit übertrumpfen will? Mit 120 roten Rosen? Mit einem Armvoll
türkische Lilien? Mit an ganzen Buschen Jasmin? Alles schon dagewesen.
Der dezente Mensch bringt ein Sträußerl Veilchen.
Originell!

„Jö", sagen alle, „das bescheidene Veilchen. Welch zarte Anspielung!" Das bescheidene Veilchen? Erlauben Sie, daß ich gegen das unverdiente Renommee dieser Blume Einspruch tu'. Das Veilchen drängt sich z'allererst hervor. Kann 's kaum erwarten, bis 's Frühjahr wird. Es überflügelt sogar das Gras, damit 's nur ja früher als alle andern Blumen da is auf'n Platz – wo steckt da die Bescheidenheit?

Aber: zugleich mit der Überreichung der Floralien säuselt der Gewandte: Adelheid oder Juliane oder Mitzerl – oder wie die jeweilige Dame halt grad heißt. Das wirkt, denn jede Frau halt't ihren Namen, feurig ausgesprochen, für die Schönste, geistreichste Red'. Ich kenn' mich aus.

Ich war viermal verheiratet – und ich hab' noch immer nicht genug. Meine Abenteuerlust kennt keine Grenzen.

Mancher meint, das Schicksal schickert' sich nicht, in meine alten Tag'! Oh, der Mensch is nie in die alten Tage. Ich war in die alten Tag', wie ich zwanzig war; denn diese Tage sind jetzt schon so alt, daß ich seitdem eine Unzahl neue gebraucht hab' zum Verleben. Die jetzigen sein meine jungen Tag', der heutige ist mein jüngster, und die noch nachkommen werden, sind erst recht jung, weil sie zu den noch ungeborenen gehören.

Wie heißt es so goldrichtig: „Die Liebe höret nimmer auf!"

Oh, das ist schön![221]

Froh spricht wie Stockmauer in *Zeitvertreib* (Szene 6) von den Herausforderungen

---

221 Ebd.

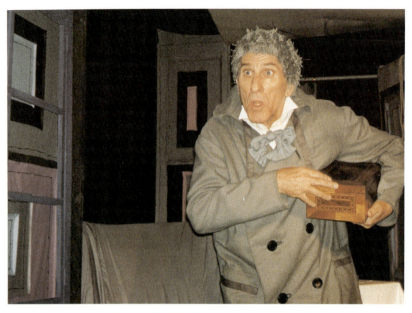

der Liebe, die dem Leben erst die richtige Würze verleihen würden: „Liebe hat einmal das Renommée der Lebensversüßung. Natürlich ist das nicht so einfach, wie wenn man a Stück Zucker in' Kaffee wirft. Es kann schon kuriose Schwierigkeiten und Zwischenfälle dabei geben", um mit dem Hausmeister Anselm im „lustigen Trauerspiel" *Gegen Torheit gibt es kein Mittel* fortzufahren: „Aber das macht nix! Die Hindernisse sind ja das, was die Liebe erst interessant macht. Wer noch nie über eine Stiegen g'flogen ist, wem sein Buckel noch nicht alle Farben g'spielt hat, wem noch nie ein Lavoir is auf'n Kopf 'g'schütt' worden, der kennt den wahren Reiz der Liebe nicht. Oder wenn sich dann die unvermeidlichen Mißverständnisse und Verstimmungen einstellen. Prächtig!"[222]

Daraufhin gewinnt erneut die Nachtseite der Zwillinge die Oberhand. Fad schüttelt sich vor Lebensekel und hasst alles, das ihn zu Gehorsam und Unterwürfigkeit zwingt, ihn in seiner individuellen Entfaltung und Selbstverwirklichung hemmt: „Die Welt is grauslich! – weil sie unduldsam ist. Sie verlangt uniforme Sitten."[223] Fad führt seine Sicht mit Knappenstiefel in *Nagerl und Handschuh* (I,13) aus, die Lederer vorher bereits an zentraler Stelle in seiner Produktion *Brecht und Nestroy* verwendet hat. Von Heilsversprechen und Jenseitsvertröstungen hält Fad nicht viel, er klammert sich lieber an materielle Gewissheiten und bezeichnet die Finanzkraft als den entscheidenden irdischen Hebel, um etwas bewirken zu können: „Das Geld ist eben der Punkt, den Archimedes suchte, um die Welt zu bewegen. *(öffnet die Schatulle, beginnt Geld*

---

222 Ebd.
223 Ebd.

zu zählen).“[224] Fad argumentiert über
den Geldfluss wie Schlicht in Nestroys
Mein Freund und schließt mit der Bemerkung Tatlhubers aus der *Verhäng-
nisvollen Faschingsnacht:* „reich oder
arm, das Schicksal findet bey jedem das
Fleckel heraus, wo er kitzlich ist“ (HKA
Stücke 15, I,11). Den Abgang nimmt er
mit Schlankel in *Das Haus der Temperamente:* „Keinen fruchtbarern Boden
giebt's in der Welt, als das menschliche
Herz[;] wenn man den Samen des Arg-
wohns hinein streut, das schlägt Wurzel, und wächst und schießt!“ (HKA
Stücke 13, I,8)

Die Einladung eines Herrn von
Gründlich veranlasst Froh zu umfangreichen Überlegungen hinsichtlich des
alltäglichen Lebens. Er denkt über die
„mathematischen“ und „gesellschaftlichen Zirkel“ nach, äußert sich über
Vorurteile, Hausbesitzer, Reichtum
oder Herkunft der Menschen, wofür er
unter anderem Nestroys *Höllenangst*
(I,9) bemüht, und entdeckt die Schuld
für die bestehenden Standesunter-
schiede und für herrschende Hierarchi-
en bei den menschlichen Ureltern, denen er nachträglich eine Unterlassungssünde
vorwirft: „Hätt' sich der Adam im Paradies einen Adelsbrief kauft, wär'n wir
jetzt Alle gnädige Herrn“, erklärt er mit Wachtl in der *Verwickelten Geschichte.*
(HKA Stücke 29, II,11)

Nach der Pause führt Herr Fad den Diskurs weiter und bekundet, seinem
Naturell entsprechend, keinerlei Wohlwollen gegenüber seinen Mitmenschen.
Das Diabolische, wie es sich die christliche Heilslehre vorstellt, sei geradezu
harmlos gegenüber der von ihnen selbst verursachten und täglich durchlittenen
Hölle auf Erden. „Der Teufel is überhaupt nicht das Schlechteste“, glaubt er wie
Wendelin in *Höllenangst,* „ich lass' mich lieber mit ihm als mit manchem
Menschen ein.“ (HKA Stücke 27/II, I,9)

Das Leben bestehe aus Blendwerk und Enttäuschungen, es bewege sich
zwischen Anmaßung und Lächerlichkeit. Menschen machten sich eher zum
Narren, als dass sie bereit wären, die Wahrheit einzusehen, wie es der Umgang

---

224 Ebd.

mit dem eigenen Nachwuchs bestätigt. Ähnlich wie Schnoferl in *Das Mädl aus der Vorstadt* (I,11) bemerkt er:

> Guter Gatte und Vater, das trifft sich halt in praxi nicht immer so paarweis' als wie die Strümpf oder die Ohrfeigen beisamm! Die eigenen Kinder sind dem Vater gewiß immer die liebsten, und wenn s' wahre Affen sein, so g'fallen einem doch d'eignen Affen besser als fremde Engeln. Hingegen hat so ein Gatte oft eine engelschöne Frau und momentan g'fallt ihm a andere besser, die nicht viel hübscher ist als ein Aff'. Das sind die psychologischen Quadrillierungen, die das Unterfutter unseres Charakters bilden [...].[225]

Fad parliert später noch über die Langeweile beim Kartenspiel und mokiert sich über Kunst und Wissenschaft, ehe Froh mit einem Regenschirm auftaucht, was er wie Herr von Ledig aus der Posse *Unverhofft* erläutert: „Der Mensch soll nie ohne Paraplui sein, es is die großartigste Waffe".

Den dramatischen Höhepunkt der Aufführung bildet der anschließende Auftritt Fads im Nachtgewand, der gegen die angeblichen Freuden des Frühaufstehens ätzt, und überlegt, wie er zur ewigen Ruhe gelangen könnte. Er spielt gedanklich Varianten des Selbstmordes durch, wobei er zwischen Pistole und Strick schwankt. Die anfängliche, für ihn geradezu atypische Kühnheit und Entschlussfreudigkeit verfliegen so schnell, wie sie gekommen waren. Plötzlich eilt die Tötung nicht mehr, wie er befriedigt mit Gottfried aus Nestroys *Der Schützling* feststellen darf:

> Das is das Gute beym Selbstmord, man versäumt nichts. Die Ewigkeit is noch immer lang genug. Warum soll ich nicht Abschied nehmen im Geist von jeder Kleinigkeit, die mir werth war im Leben? Und sonderbar, ich find' jetzt auf einmahl eine Menge solcher Gegenständ'; und ich war doch der Meinung, ich bin gar so arm. – Begreiff's schon; der Tod is ja eine Ausziehzeit, und beym Ausziehen find't sich der Mensch immer reicher als er glaubt – so sagt wenigstens 's gemeine Volck, und so eine Lehre von Unten is manchmal so viel werth als eine Warnung von Oben. (HKA Stücke 24/II, I,12)

Der geplante Selbstmord ist nicht nur als physische Auslöschung gedacht, sondern gleichzeitig auch als eine Befreiung von seinem Zwillingsbruder, der charakterlich nicht zu ihm passt. Das Erhängen scheitert schließlich daran, dass

---

225 Ebd.

der Ast zu hoch ist. Fad überlegt daraufhin wie Falsch in *Der Treulose*: „[w]as die Leute dencken werden,? gewiß nicht viel; schon deßwegen, weil die denckenden Leute die wenigsten sind." (HKA Stücke 10, I,46)

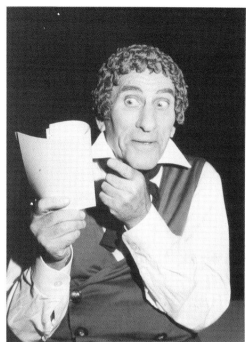

Bevor die depressive Stimmung überhand nehmen kann, kommt Froh, verdrängt die finsteren Gedanken und plaudert über eine „Drunter-und-Drüber-Redoute" bei den Bitzibergrischen, wofür er Überlegungen zum Tanzen und der Bedeutung von Bällen als Gesellschaftsereignisse ventiliert, die etwa aus Nestroys *Kampl* oder *Das Mädl aus der Vorstadt* stammen und auf vergleichbare Weise schon August Stein in Lederers Produktion ... *doch nicht umsonst!* angestrengt hat. Froh ergötzt sich an der Brillanz seiner Geistesblitze – „Ist das nicht Venividivizisch ausgedacht!" – wie die titelspendende Figur in *Kampl* (III,14) und macht sich, nach dem Vorbild von Arthur in *Umsonst*, über das Spießertum der selbsternannten Society lustig:

> Hier, wo die engste und beengendste Kleinstädterei den Genialitätsflug hemmt, wo man alles nur aus Rücksicht thut, nur um Leute nicht vor den Kopf zu stoßen, hier, wo die „Kuglischen" nicht zu die „Blümlischen" gehn, weil dort die „Spulischen" hinkommen, und die „Spulischen" gut Freund mit die „Scheffelbergerischen" sind, welche zu den „Kelchmüllerischen" halten, die schuld an der Spannung sind, die zwischen die „Schopfischen" und die „Strudlhubrischen" herrscht? (HKA Stücke 35, I,5)

Froh verhält sich wie ein Blatt im Wind und gibt seine opportunistische Gesinnung zu erkennen. Er propagiert eine pragmatische Lebenshaltung, die ihn davor bewahrt, anders als Fad, psychisch zu erkranken und verbittert den Rückzug ins seelische Schneckenhaus anzutreten. „Ich habe nur Einen Grundsatz", verkündet er stolz wie Herr von Falsch im *Treulosen*, „und das ist der, gar keine Grundsätze zu haben. Grundsätze sind enge Kleidungsstücke, die einem bey jeder freyen Bewegung genieren. Was mich freut, das thu ich, was mich unterhält, das such ich, was mir gefällt, das lieb ich." (HKA Stücke 10, I,9) Ohne es zu ahnen, entschärft er das Todessymbol Fads und verwendet den liegen gebliebenen Strick als Paketschnur.

Fads letzte Szene gehört einer Erörterung über Dienstboten, über Gefälligkeiten und Schuldigkeiten im Leben, über Gerechtigkeit und Orden. Die Frage nach der Zukunft beantwortet er skeptisch wie Peter Span in Nestroys Posse *Der Unbedeutende*: „ich hab einmal einen alten Isabellenschimmel an ein'n Ziegel-

wagen gesehn, seitdem bring ich die Zukunft gar nicht mehr aus dem Sinn" (HKA Stücke 23/II, I,14).

Froh hingegen kann die Zukunft kaum erwarten. Sie ist für ihn „die neue Welt, in die der Mensch seine Entdeckungsreisen macht. Und mit einem fröhlichen G'sicht reist man viel leichter".[226]

Wie sollte es bei den thematischen Vorgaben durch Nestroy auch anders sein, als dass Froh noch einmal auf den Wohlstand und die Liebe zu sprechen kommt. Er benützt eine längere Passage des Kapitalisten Lips, der im *Zerrissenen* zu folgender Einsicht kommt:

Wier Reichen verdienen 's, daß man mit uns Komödie spielt, weil uns unsere Eitelkeit undanckbar gegen den Reichthum macht. Glauben Sie denn ein alter Millionist, wenn er aus einer G'sellschaft nach Haus kommt, kniet sich nieder, vor seine Obligationen, küßt diese himmlischen Bilder und saget: „Euch nur verdanck' ich 's, daß diese Frau auf mich gelächelt, diese Tochter mit mir kokettiert hat, Euch nur, ihr göttlichen Papiere, daß diese Cousine mich heurathen will" – kein Gedancken; er stellt sich voll Selbstgefühl vor'n Spiegel, find't in seine Hü[h]nertritt interessante Markierungen, und meint, er is ein höchst gefährlicher Mann. Mit Recht hat die Nemesis für diesen Undanck an den Papieren, den Reichen zum Papierltwerden verdammt. (HKA Stücke 21, I,9)

Mit der ermunternden Erkenntnis „Ohne Geld ist alles umsonst, sagen die Leut'! Aber nein, da is ja grundfalsch – ohne Geld merkt man erst recht, daß gar nix umsonst ist!" aus dem Zwiegespräch von Pitzl und Georg in der Posse *Umsonst* (III,2) bricht er seine Rede ab, es folgt abschließend das Gold-Couplet aus Nestroys Zauberposse *Der Kobold oder Staberl im Feendienst*.

---

226 Ebd.

KRITIK

Die Premiere von *Die ungleichen Zwillingsbrüder* erfolgte am 17. Jänner 1994 in Lederers ‚Theater am Schwedenplatz'. Unter den wenigen gefundenen aussagekräftigen Berichten zu dieser Aufführung ragt jener von Eva-Maria Mantler heraus, die Lederers einundfünfzigste Produktion in ihrer Darstellung in der *Wiener Zeitung* als einen „Volltreffer" bezeichnete – nicht zuletzt wohl auch deshalb, weil sie das Programm als Faschingsveranstaltung einstufte:

> Nun zeigt Lederer an Hand der beiden Zwillingsbrüder (wobei er seine großartige Gestaltungskraft so recht ausleben kann) in Monologen, Sprechszenen und Couplets die zwei im Werk Nestroys vorherrschenden Lebenseinstellungen: Hier den misanthropischgrantelnden, dort den heiter-lebenslustigen „ganzen Kerl". Wie Lederer die beiden Charaktere herausarbeitet, sie formt und mit Leben erfüllt, ist große Schauspielkunst! Bald ist er raunzend, kauzig, dann wieder glücklich, belustigt, aber auch räsonierend und pathetisch. Auf jeden Fall aber mundfertig, mit Worten jonglierend, als wäre das Gestalten solcher Texte das Einfachste von der Welt. Mit ungeheurer Intensität wechselt Lederer zwischen den beiden Brüdern hin und her, die zweigeteilte Bühne (auch sie stammt vom Prinzipal) geschickt mit seiner Lebendigkeit ausfüllend.
> Die abwechslungsreichen von Szene zu Szene mit wenigen Handgriffen zu adaptierenden Kostüme stammen von Erna Perger. Die einfühlsame Musik zu den Couplets komponierte Karl Heinz Füssl.[227]

Viel unmittelbarer noch, weil diese Zeilen persönliches Erlebnis und stille Beobachtungen reflektieren, vermittelt ein Schreiben, das Herbert Lederer einige Tage nach der Uraufführung von einem langjährigen Besucher seines ‚Theaters am Schwedenplatz' erreichte, Eindrücke dieser Darbietung:

227 Eva-Maria Mantler: Vergnüglicher Nestroy-Streifzug, Wiener Zeitung, 19. 1. 1994.

Ich bedanke mich für die Zwillinge, die mir gar nicht so ungleich vorkamen. Mir wurde aber doch erst im Laufe des Abends klar, daß Sie uns die verschiedenen „Seiten" eines (des) Menschen vorführten. Besonders ganz gegen den Schluß waren sich die beiden Seiten doch sehr ähnlich, was dem Stück eine neue Dimension gab, wenn ich das richtig gesehen habe.

Darum war ich mit den gelegentlichen Lachsalven nicht sehr glücklich. Sie zerschlugen das im Wortwitz oder der Wortkaskade anklingende Herbe. Vielleicht haben die Lacher diese Nuance aber garnicht [sic] bemerkt.

Was auch sei, Sie haben wohl recht, daß Sie der Nestroy-Darsteller sind. Es hat mich sehr gefreut Ihr Werk sehen und hören zu dürfen.

Mir kam da noch eine Frage auf: Gibs [sic] es keinen heutigen „Nestroy"? Muß man ins Biedermeier zurück, wenn man den Mutterwitz eines Volkes bewundern will? Sind wir ärmer geworden, oder bin ich diesbezüglich zu wenig gebildet?[228]

---

228 Schreiben von Fritz Debray, datiert 24. 1. 1994, abgelegt im Ordner *Die ungleichen Zwillingsbrüder.*

9.
NESTROY – IM GESPRÄCH[229]

Arnold Klaffenböck:
Wie könnte man die Aufführungsweise Nestroys, wie Sie diese in Ihrer Jugend
erlebt haben, charakterisieren?

Herbert Lederer:
Sie war sehr wienerisch, unabhängig vom Theater, an dem Nestroy gespielt
wurde. Hermann Thimig übrigens bedauerte es sehr, dass er das Wienerische
nicht sonderlich gut nachahmen konnte. Obwohl in Wien geboren, wurde es
dennoch nicht seine Muttersprache. Sein Vater kam aus Dresden, er selbst wirkte
länger in Meiningen und unter Max Reinhardt in Berlin, ehe er an das Theater
in der Josefstadt und später ans Burgtheater engagiert wurde.

1946, nach der Premiere des *Talisman*, gratulierte er Karl Paryla herzlich
zu seinem Titus Feuerfuchs und sah hier den richtigen Tonfall getroffen, jene
Diktion, um die er sich vergeblich bemühte. Das Wienerische – gesprochen ohne
nur eine Sekunde der Überlegung: Wie spreche ich es?

Ich bin ein Wiener Proletenbub und beherrsche den Wiener Dialekt sehr
genau. Ich kann einem auf den Kopf zusagen, woher er stammt: Sie sind ein
Döblinger, aber sicher kein Hernalser. Dazwischen liegen Welten, hörbar an
kleinsten Sprachnuancen.

Auf dieser Grundlage – der Wiener Alltagssprache – macht der Sprachkünst-
ler Nestroy eine artifiziell-stilisierte Sprache. Da kommt einem zu Hilfe, wenn
man die Sprachmelodie im Ohr hat und sich nicht über die richtige Artikulation
den Kopf zerbrechen muss.

Arnold Klaffenböck:
Das Wiener Burgtheater war bekannt für Nestroy-Inszenierungen, bei denen das
Ensemble in Rüscherlkostümen steckte und in einem behaglichen Ambiente
zwischen Rosenblüten-Tapeten Biedermeier spielte. Daneben gab es Ansätze zu
einem rauen Nestroy wie bei Karl Paryla im Neuen Theater in der Scala oder
einer schlichteren Auffassung wie bei Gustav Manker am Volkstheater. Existierte
jemals so etwas wie ein Nestroy-Stil, der immer wieder gefordert wurde?

Herbert Lederer:
Gibt es einen Nestroy-Stil? Oder einen Shakespeare-Stil? – Nein. Es muss aus
dem Schauspieler kommen.

---

229 Aufgezeichnet nach Gesprächen mit Herbert Lederer am 17. 12. 2004, 29. 3. und 5. 9.
2006.

Leopold Lindtberg inszenierte tatsächlich einen sehr opulenten Nestroy. Ich denke hier an eine Festwochen-Aufführung im Theater an der Wien von *Das Mädl aus der Vorstadt* mit Josef Meinrad und Robert Lindner, die mich von der Ausstattung her an eine Bonbonniere erinnerte. *Einen Jux will er sich machen* mit Richard Eybner als Gewürzkrämer Zangler und Ferdinand Maierhofer als Hausknecht Melchior: Wie elegant der arme Handlungsgehilfe Weinberl und der Lehrling Christopherl erschienen! Sie waren adrett, wirkten überhaupt nicht schmuddelig, dabei stellte Weinberl doch einen bescheidenen Gesellen vor.

Die Kostüme von Erni Kniepert waren fantastisch, sie verwendete dafür echte Materialien wie Damast oder Leder. Was das gekostet hat! Dabei war dieser Aufwand doch gar nicht nötig.

Arnold Klaffenböck:
Wie entgeht man der biedermeierlichen Nostalgiefalle? Wie durchbricht man den rosaroten Nestroy?

Herbert Lederer:
Indem man Nestroy weder in eine Bonbonniereschachtel packt noch rein naturalistisch spielt.

Vor allem dadurch, dass man sich soziologisch zunächst mit dem Milieu und der Herkunft der Figuren auseinandersetzt. Der Hausknecht Ignaz aus meinem Programm ... *doch nicht umsonst!*, der später auch in der Neubearbeitung *Ein Narr'nhaus* wiederkehrt, ist eine Melchior-Figur, wie sie Nestroy in seiner Posse *Einen Jux will er sich machen* vorstellt. Was ist das für ein Mensch?

Ich musste mich nur an meine Jugend in Favoriten erinnern. Was waren das für Leute, denen ich dort begegnet bin? Auf der Straße, auf dem Eislaufplatz? Vor Schmutz gestarrt hat keiner, ein Badezimmer besaß aber auch niemand, aber man konnte sich waschen. Eine heute unvorstellbare Bescheidenheit charakterisierte damals die Menschen, es bestand ein massives soziales Gefälle. Sich diese Dinge zu vergegenwärtigen und ein Gespür dafür zu entwickeln, bewahrt davor, bei Nestroy eine biedermeierliche Gediegenheit zu inszenieren, die so niemals existierte.

Diese Einfachheit finde ich nicht mehr bei den Regisseuren, die heute an Nestroy herangehen und seine Stücke inszenieren. Sie müssen immer viel machen, „Action" einbringen.

Diese Action ist aber bereits vorhanden und bei Nestroy höchst simpel – beispielsweise beim *Zerrissenen*: Am Anfang wird ganz nebenbei vermittelt, dass Gluthammer das Balkongeländer nur hingestellt hat. Diese Nebensächlichkeit entwickelt sich schlagartig zum Angelpunkt der Geschichte. Plötzlich nimmt das Leben des zu Tode gelangweilten Herrn von Lips eine tragische Wende, weil das Gitter einen Menschen nicht vorm Sturz abhält – es fallen sogar zwei Personen, Lips und Gluthammer, in den Teich. Anschließend glaubt jeder von ihnen, der Mörder des anderen zu sein und verhält sich dementsprechend.

Ein Geschehen wie dieses ist eine große Aktion in einem Nestroy-Stück, dabei aber, auch optisch gesehen, eine höchst einfache Sache. In diesem Zusammenhang erinnere ich mich an ‚Die Insel in der Komödie', ein Nudelbrett von einer Bühne, die Leon Epp in der Johannesgasse gegründet hatte. Der Bühnenbildner Max Meinecke hat dort in der ersten Szene des zweiten Aktes, die bei Krautkopf auf der Tenne spielt – das ist die berühmte Stelle, wo es heißt: „Kraut und Ruben werfen s' untereinand, als wie Kraut und Ruben" –, der Regieanweisung Nestroys entsprechend, eine Schräge an der Wand mit einer Klapptüre angebracht, so wie man sie heute noch im Burgenland findet. Es gab darin eine Versenkung, aus der Gluthammer vier Szenen später herauskam und Krautkopf zurief: „Brüderl versteck mich!" Das war zugegebenermaßen recht einfach, doch sehr effektvoll.

Heute dürfte den „Theatermachern" das Vertrauen zu Nestroys Sprache abhanden gekommen sein. Offensichtlich halten sie den Sprachduktus seiner Stücke nicht mehr für stark genug. Instinktiv glauben sie daher, mit äußeren Mitteln, also schauspielerischer Aktion, oder dem Bühnenbild etwas hinzufügen zu müssen. Das ist jedoch völlig überflüssig. Bei solchen „Turnübungen" gehen nämlich ein, zwei kostbare Nestroy-Pointen unter, auf die ich bereits warte, aber nicht zu hören bekomme.

Arnold Klaffenböck:
Die Ausstattung der Bühne Ihrer Nestroy-Produktionen war eigentlich immer sehr karg, um nicht zu sagen spartanisch, denn sie beschränkte sich auf das unbedingt Nötige. Gibt es dafür Vorbilder bei Nestroy?

Herbert Lederer:
Beim Betrachten zeitgenössischer Stiche wurde mir bald klar, dass Nestroy einfache Kulissenbühnen verwendete – im Unterschied zu Ferdinand Raimund, wo es im Laufe des Stücks zu zahlreichen Verwandlungen kommt. Nestroy hingegen beschränkt sich meist auf bürgerliche Räume, den Garten, wo sie Häschen in der Grube spielen wie beim *Mädl in der Vorstadt*. Darin zeigt sich die andere Seite des Biedermeier – die Schlichtheit, die im sogenannten Biedermeierleben drinnensteckt: dass man etwa eine Landpartie mit dem Zeiserlwagen unternimmt und der vordergründige Wille dazu besteht, obwohl es regnet. Das ist die optimistische Seite des Biedermeier der Metternichzeit, dem freilich das höllische Biedermeier gegenübersteht, wie ich es in meinem Programm *Du holdes Couplet* zeigen wollte.

Arnold Klaffenböck:
Höllisches Biedermeier?

Herbert Lederer:
Nestroys Stücke zeigen eine spießige Gesellschaft, die alles andere als gemütlich

ist. Im Gegenteil! Alles scheitert, wird zunichte gemacht, es bleibt beim Versuch, beim Wollen wie in der Posse *Einen Jux w i l l er sich machen.* Schon der Titel verrät, dass nichts daraus wird. So sehr sich die Figuren auch anstrengen mögen, ihre Bemühungen fruchten nichts, es entsteht nur heilloses Durcheinander.

Es herrscht Beklemmung wie in *Höllenangst,* doch selbst in den Possen, etwa *Der Erbschleicher, Gegen Torheit gibt es kein Mittel* oder *Der Treulose,* ist die Atmosphäre alles andere als angenehm – eher beunruhigend.

Nestroys Konzept bei seinen Stücken ist, wie gesagt, eigentlich sehr einfach, ebenso wie die Lebensgrundlagen der Figuren. Verwickelt wird die Sache erst, wenn ein junges Paar heiraten möchte, aber der Vormund das verhindern will, aus Eifersucht oder eigenen Heiratsabsichten, um die reiche Mitgift zu erlangen, wenn das Geld lockt.

Arnold Klaffenböck:
Es gibt aber bei Nestroy auch so etwas wie einen Deus ex Machina, beispielsweise den Bierversilberer Spund, der Titus Feuerfuchs und Salome Pockerl die Lebensgrundlagen verschafft?

Herbert Lederer:
Ja, das Ende wird immer gut. Die Dramaturgie bei Nestroy ist nicht so ernst zu nehmen, weil alles relativiert wird.

Arnold Klaffenböck:
Für Ihre Nestroy-Produktionen haben Sie auch Schriften Nestroys aus seinem Nachlass studiert, Berichte von Zeitzeugen gelesen und historische Abbildungen, die Nestroy in seinen Rollen zeigen, analysiert. Welche Erkenntnisse haben Sie daraus gezogen?

Herbert Lederer:
Ich habe einiges von dem gelesen, was Fritz Brukner an Kommentaren von Nestroys Zeitgenossen veröffentlicht hat. Daraus wird vor allem eines erkennbar: Sie hatten keine Ahnung, wer Nestroy wirklich war. Zum Glück wirkte er als ein grandioser Schauspieler und Bühnenautor, der es verstand, für sich, für das Ensemble großartige Rollen zu schreiben – für Wenzel Scholz, für Louis Grois etwa. Daher war er ein Publikumsliebling. Was er jedoch wirklich war – als Schreiber nämlich –, das wusste zu seiner Zeit niemand.

Liest man die Äußerungen heute nach, etwa in der *Theaterzeitung* von Adolf Bäuerle, wird das Niveau der damaligen Berichterstattung, aber zugleich auch eine gewisse Beschränkung im Urteilsvermögen erkennbar. Sie verstanden es eben nicht anders.

Der große Nestroy war nicht gefeit vor Kränkung und ärgerte sich maßlos über Kritiker, die nichts wussten. Er kannte die Macht der Presse nur zu gut, wie jener Brief an Adolf Bäuerle zeigt, den ich in meinem Programm *Du holdes*

Couplet vorgelesen habe. Die Furcht vor dem einflussreichen, mächtigen Mann, der sich dann bei näherem Hinsehen als jemand erweist, der mit sich reden lässt, wenn man ihm entgegenkommt ... Der Schauspieler ist, auch wenn er Nestroy heißt, gegenüber der Kritik der Presse im Grunde hilflos.

Nestroy dürfte sehr viel aus den Beinen heraus gespielt haben. Das lässt sich feststellen, wenn man Skizzen betrachtet, die von Johann Christian Schoeller oder Franz Gaul überliefert sind. Eine Fotografie, die Nestroy als Tratschmiedl zeigt, hat mich in meiner Vermutung bestärkt.

Überhaupt muss Nestroy ein ungemein wendiger Schauspieler mit einem rasanten Sprechtempo – bis 1842 wenigstens – gewesen sein. In seinem letzten Lebensdrittel hingegen dürfte er furchtbar outriert haben. Möglicherweise hatte sich der Publikumsgeschmack gewandelt, sodass er dazu gezwungen war, der Operettenmode, die in Wien heimisch geworden war, zu folgen. Jedenfalls wurde der Operettenstil in seinen eigenen Stücken wirksam.

Arnold Klaffenböck:
Die Kritiken zu Ihren Nestroy-Produktionen berichteten wiederholt von Veranstaltungen, bei denen Sie ausschließlich oder doch zumindest überwiegend vor jungen Zusehern aufgetreten sind. Zwischen Ihrem ersten und letzten Nestroy-Programm liegen mehr als dreißig Jahre. Ist das Publikum mit Nestroy in die Jahre gekommen oder hat es sich verlagert?

Herbert Lederer:
Meine sieben Nestroy-Programme, die ich zwischen 1962 und 1999 gespielt habe, umfassen hinsichtlich des Publikums eigentlich drei Generationen. 1962 kamen Leute als Zuseher ins Theater, die meine Großeltern hätten sein können, also Menschen des Jahrganges 1890.

Mitte der 1990er Jahre besuchten Dreizehn- bis Fünfzehnjährige die Aufführungen, Jugendliche, die Anfang der 1980er Jahre geboren wurden. Für manchen unter ihnen war es ein prägendes Erlebnis. Karlheinz Hackl sah mich bei einer Schulaufführung im Realgymnasium in der Reinprechtsdorferstraße mit fünfzehn in ... *doch nicht umsonst!* Er meinte später, dass für ihn Johann Nestroy und Herbert Lederer zeitlebens eins geblieben seien.

Ich habe Nestroy zwar nie auf eine bestimmte Zielgruppe angesetzt, doch das Publikum war von vornherein immer ein gesiebtes: In Wien hieß es, man müsse Lederer eben entdecken, er liege nicht so in der Auslage. Zu den Veranstaltungen kamen überwiegend Intellektuelle – Studenten und Universitätsprofessoren, Ärzte oder Rechtsanwälte. Aber ich habe kein intellektuelles Theater gemacht, jedoch eines für denkende Menschen.

Der Vorteil bei Nestroy liegt auf der Hand: Er liefert eine derartige Vielschichtigkeit an Themen, sodass ich einem denkenden zehnjährigen Schüler genauso etwas vermitteln kann wie einem weniger Gebildeten, der sich für eine

Stunde einfach nur unterhalten möchte. Diese Bandbreite bieten nicht viele Bühnenautoren.

Altersmäßig und intellektuell gibt es bei Nestroy keine Grenzen. Am schlimmsten erachtete ich die Halbgebildeten, die immer alles zu wissen und zu verstehen glaubten. Ganz anders verhielt es sich in Flachau: Ich empfand es als beglückend, dass völlig unverbildete Menschen zu uns kamen, die sich sonst eher der Fernsehunterhaltung widmeten und – in seltenen Fällen – nach Salzburg fuhren, um dort eine Theateraufführung zu besuchen.

Arnold Klaffenböck:
1980 erhielten Sie, gemeinsam mit Elfriede Ott, Paul und Attila Hörbiger, für besondere Verdienste um Johann Nestroy den Nestroy-Ring[230] der Stadt Wien verliehen. Was waren die Ursachen dafür, die Sie schließlich dazu bewogen haben zu sagen: „Ich spiele Nestroy nicht mehr"?

Herbert Lederer:
Ich sehe die Gefahr, dass man im Besitz einer perfekten, rund vierzigbändigen historisch-kritischen Gesamtausgabe sein wird, während in den Theatern kein nestroyfähiges Publikum mehr sitzen wird. Mit den Schwierigkeiten, Nestroy auf der Bühne zu vermitteln, kämpfen auch meine Kollegen. Einige Schauspieler versuchen das in den Griff zu bekommen, indem sie in Äußerlichkeiten flüchten – auf Dinge, die bei Nestroy überflüssig sind. Es mangelt inzwischen an geeigneten Darstellern, auch weil man es verabsäumte, einen entsprechenden Nachwuchs auszubilden. Mit Helmut Lohner und Otto Schenk wird eine Ära hinsichtlich der Darstellung Nestroys zu Ende gehen. Aber es wird etwas Neues kommen. Mein junger Freund Niki Ofczarek hat uns in *Der Färber und sein Zwillingsbruder, Umsonst, Der Talisman* und *Höllenangst* bereits gezeigt, wie er an die Nestroy-Rollen herangeht – zupackend und drastisch. Ich finde das faszinierend.

Mit der Sprache passiert gegenwärtig etwas Interessantes. Ich treffe oft junge Leute vor dem Gymnasium in unserer Nähe und höre ihnen beim Reden zu. Hier verändert sich etwas – eine ganze Sprachstruktur, und zwar durch das Fernsehen, wo nichts Österreichisches zu hören ist.

Zuletzt hatte ich anlässlich eines Jubiläums noch einmal mein Programm *Playboy Nestroy* im ‚Theater am Schwedenplatz' gespielt. Dabei ist mir klar geworden, dass ich jetzt damit aufhören muss. Es ist schwer zu definieren: Man geht nach einer sogenannten erfolgreichen Vorstellung in die Garderobe und sagt sich: „Na ja, das war's eigentlich nicht – na gut, heute war das Publikum anders zusammengewürfelt als sonst, morgen wird es besser." Doch morgen geschieht wieder Ähnliches, am übernächsten Tag ebenso wie auch am darauf-

---

230 Vgl. dazu: Verleihung der Nestroy-Ringe für 1980, in: Nestroyana 3 (1981), S. 29; Ulrike Tanzer und Karl Zimmel: Johann-Nestroy-Ringträger/innen, in: Nestroyana 25 (2005), S. 180 f., hier S. 180.

folgenden Tag. Das Publikum bemerkt das natürlich nicht, es ist zufrieden mit dem, was man geboten hat. – Vielleicht versteht es gar nicht, was ich da will? Vielleicht bin das nur ich, der nicht zufrieden ist ...

In den neunziger Jahren spürte ich, dass die ursprüngliche Resonanz auf meine Nestroy-Darbietungen nicht mehr vorhanden war. Die Reaktionen wurden dünner, das diffizile Spiel wurde nicht mehr verstanden. Die Leute lachen, weil ich ein komisches Gesicht ziehe. Das ist ja das Schrecklichste überhaupt, was es für einen Schauspieler gibt: Es passieren Lacher, bei denen man nicht weiß, warum die Leute eigentlich lachen. Welche Assoziationen löse ich in ihnen aus, dass sie sich amüsieren? – Den Assoziationen der Zuseher ist man wehrlos ausgesetzt.

Ich konnte einmal erleben, dass im Publikum, vorwiegend Studenten, ein altes Mutterl saß, die bei einer sehr feinen Pointe, die Lebenserfahrung verlangt, als einzige präzise, ganz am richtigen Platz, unter den Fünfundzwanzigjährigen lachte. Dabei war sie wahrscheinlich die einfachste Besucherin unter allen.

Durch diese Entwicklung sah ich mich dazu veranlasst, Nestroy aus dem Repertoire zu nehmen. Letztlich war es ein Verzicht auf Nestroy, um ihm nicht zu schaden.

Für mich persönlich ist Nestroy künstlerisch ausgeschöpft, obwohl Stoff für weitere Programme genug vorhanden wäre. Aber: Was bewirkt das? Fügt eine weitere Produktion Nestroy noch irgendetwas hinzu? Sicher nicht. Die Jungen, die nachkommen, werden an Nestroy andere und wieder neue Seiten entdecken. Ich freue mich schon darauf.

LITERATURVERZEICHNIS

ARCHIVALIEN

Materialien zu den Nestroy-Programmen im Privatbesitz von Herbert Lederer, Wien:
Ordner ... *doch nicht umsonst!*
Ordner *Wien anno dazumal*
Ordner *Ein Narr'nhaus*
Ordner *Playboy Nestroy*
Ordner *Brecht und Nestroy*
Ordner *Du holdes Couplet*
Ordner *Die ungleichen Zwillingsbrüder*

QUELLEN

JOHANN NESTROY:
Johann Nestroy's Gesammelte Werke, 12 Bde., hrsg. von Vincenz Chiavacci und Ludwig
    Ganghofer, Stuttgart 1890–1891.
Nestroys Werke. Auswahl in zwei Teilen, hrsg., mit Einleitungen und Anmerkungen
    versehen von Otto Rommel, Berlin u. a. o. J.
„Das ist klassisch!". Nestroy-Worte, hrsg. von Egon Friedell, Wien 1922.
Sämtliche Werke. Historisch-kritische Gesamtausgabe, 15 Bde., hrsg. von Fritz Brukner
    und Otto Rommel, Wien 1924–1930.
Johann Nestroys gesammelte Briefe (1831–1862), hrsg. von Fritz Brukner, Wien 1938.
Gesammelte Werke, 6 Bde., hrsg. von Otto Rommel, Wien 1948–1949.
Funken der Heiterkeit. Ein Nestroy-Buch, ausgewählt von Herbert Lederer, Wien–München
    1976.
Sämtliche Werke. Historisch-kritische Ausgabe, hrsg. von Jürgen Hein, Johann Hüttner,
    Walter Obermaier und W[illiam] Edgar Yates, Wien/München 1977 ff.
Komödien, 3 Bde., hrsg. von Franz H. Mautner (= insel taschenbuch 526), Frankfurt am
    Main 1987.
Nestroy, Johann: Die schlimmen Buben in der Schule. Frühere Verhältnisse. Mit einem
    Nachwort hrsg. von Jürgen Hein (= Reclam Universal-Bibliothek 4718), Stuttgart 1996.
Nestroy, Johann: Reserve und andere Notizen. Eine Veröffentlichung der Internationalen
    Nestroy-Gesellschaft und des Deutschen Theatermuseums München, hrsg. von W[illiam]
    Edgar Yates (= Quodlibet 2), Wien 2000.

ANDERE AUTOREN:
Fischer, Ernst: Von Grillparzer zu Kafka. Sechs Essays, Wien 1962.
Kraus, Karl: Die Fackel, 39 Bde., hrsg. von Heinrich Fischer (= fotomechanischer Nachdruck
    der Originalausgabe von April 1899 bis Februar 1936), München 1968–1973.
Ders.: Schriften, 20 Bde., hrsg. von Christian Wagenknecht (= suhrkamp taschenbuch
    1311–1330), Frankfurt am Main 1989–1994.

DARSTELLUNGEN

Alt-Wien. Die Stadt, die niemals war, hrsg. v. Wolfgang Kos und Christian Rapp (= Katalog
    der 316. Sonderausstellung des Wien Museums), Wien 2004.

Alt-Wiener Theater (Schilderungen von Zeitgenossen), eingeleitet und hrsg. von Paul Wertheimer, Wien o. J. [1920].

Aust, Hugo/Haida, Peter/Hein, Jürgen: Volksstück. Vom Hanswurstspiel zum sozialen Drama der Gegenwart, hrsg. von Jürgen Hein (= Arbeitsbücher zur Literaturgeschichte), München 1989.

Aust, Hugo: Der Zopf oder Nestroys Requisitenspiel mit Zeit und Geschichte, in: Nestroyana 15 (1995), S. 112–121.

„Bei die Zeitverhältnisse noch solche Privatverhältnisse": Nestroys Alltag und dessen Dokumentation. Beiträge zum Nestroy-Symposium im Rahmen der Wiener Vorlesungen 19.–20. März 1997, hrsg. von W[illiam] Edgar Yates (= Wiener Vorlesungen. Konversatorien und Studien 10), Wien 2001.

Biedermeier in Wien 1815–1848. Sein und Schein einer Bürgeridylle. Publikation der Internationalen Tage Ingelheim, Mainz 1990.

Budzinski, Klaus: Die Muse mit der scharfen Zunge. Vom Cabaret zum Kabarett, München 1961.

Bürgersinn und Aufbegehren. Biedermeier und Vormärz in Wien 1815–1848 (= Katalog der 109. Sonderaustellung des Historischen Museums der Stadt Wien), Wien 1987.

Colles, Heribert: Das Theater im Keller, in: Neue Wege 7 (1952), S. 550.

Dellemann, Helmuth von: Dienerrollen in Nestroys Werk, in: Nestroyana 4 (1982), S. 110–116.

Der unbekannte Nestroy. Editorisches, Biographisches, Interpretatorisches. Beiträge zum Nestroy-Symposium im Rahmen der Wiener Vorlesungen 16.–17. November 1994, hrsg. von W[illiam] Edgar Yates (= Wiener Vorlesungen. Konversatorien und Studien 6), Wien 2001.

Deutsch-Schreiner, Evelyn: Karl Paryla. Ein Unbeherrschter, Salzburg 1992.

Dies.: Der verhinderte Satiriker. Aspekte zu Nestroy im Wiederaufbau, in: Nestroyana 14 (1994), S. 104–124.

Dies.: Österreichische Bühnentradition und modernes Volksstück: Ein theaterwissenschaftlicher Beitrag zu den Voraussetzungen der Volksstückbewegung, in: Modern Austrian Literature 28 (1995), H. 1, S. 75–93.

Dies.: Theater im „Wiederaufbau". Zur Kulturpolitik im österreichischen Parteien- und Verbändestaat, Wien 2001.

Die Welt ist die wahre Schule ... Beiträge und Materialien zu Nestroy im Deutschunterricht, hrsg. von Ulrike Tanzer (= Quodlibet 1), Wien 1998.

Die Welt steht auf kein Fall mehr lang. Johann Nestroy zum 200. Geburtstag (= Katalog zur 277. Sonderaustellung des Historischen Museums der Stadt Wien), Wien 2001.

Doll, Jürgen: Theater im Roten Wien. Vom sozialdemokratischen Agitprop zum dialektischen Theater Jura Soyfers (= Literatur in der Geschichte, Geschichte in der Literatur 43), Wien–Köln–Weimar 1997.

Epp, Elisabeth u. Leon: Glück auf der Insel, Wien–Stuttgart 1974.

Fischer, Jens Malte: Karl Kraus. Studien zum „Theater der Dichtung" und Kulturkonservatismus, Kronsberg (Taunus) 1973.

Fontana, Oskar Maurus: Die Wiener Grillparzer-, Raimund- und Nestroy-Neuaufführungen seit 1945, in: Maske und Kothurn 8 (1962), S. 132–141.

Forst de Battaglia, Otto: Johann Nestroy. Abschätzer der Menschen, Magier des Wortes, Leipzig 1932.

Früh, Eckart: Nestroy im Klassenkampf. Aus der Geschichte seiner politischen Vereinnahmung, in: Nestroyana 20 (2000), S. 33–50.

„Gehn ma halt a bisserl unter ..." Kabarett in Wien von den Anfängen bis heute, hrsg. von Walter Rösler (= Henschel-Taschenbuch 7), Berlin 1991.

Gustav Manker 1913–1988. Bühnenbildner, Regisseur, Theaterdirektor [Begleitheft zur gleichnamigen Gdächtnisausstellung im Volkstheater, Oktober 1998], Wien 1998.

Hadamowsky, Franz: Wien Theatergeschichte. Von den Anfängen bis zum Ende des Ersten Weltkriegs. Sonderband-Studienausgabe, hrsg. von Felix Czeike (= Geschichte der Stadt Wien III), Wien–München 1994.

Hein, Jürgen: Spiel und Satire in den Komödien Johann Nestroys (= Ars poetica. Texte und Studien zur Dichtungslehre und Dichtkunst 11), Bad Homburg–Berlin–Zürich 1970.

Ders.: Das Wiener Volkstheater. Raimund und Nestroy (= Erträge der Forschung 100), Darmstadt 1978.

Ders.: Johann Nestroy (= Sammlung Metzler 258), Stuttgart 1990.

Hein, Jürgen/Meyer, Claudia: Theaterg'schichten. Ein Führer durch Nestroys Stücke (= Quodlibet 3), Wien 2001.

Herbert Lederer. Seit 25 Jahren solo, hrsg. von Oskar Pausch (= Biblos-Schriften 10), Wien 1985.

„Hier brauchen sie uns nicht". Maxim Vallentin und das deutschsprachige Exiltheater in der Sowjetunion 1935–1937. Briefe und Dokumente, hrsg. von Peter Dietzel (= akte exil 1), Berlin 2000.

Hills, Walter: „Theater der 49", in: Neue Wege 4 (1949), S. 208.

100 Jahre Volkstheater. Theater Zeit Geschichte, hrsg. von Evelyn Schreiner, Wien–München 1989.

Inventur 45/55. Österreich im ersten Jahrzehnt der Zweiten Republik, hrsg. von Wolfgang Kos und Georg Rigele, Wien 1996.

Jahrbuch der Gesellschaft für Wiener Theaterforschung, Wien 1946–1954.

Jandl, Heidi: Österreichische Studenten- und Studiobühnen im kultur- und gesellschaftspolitischen Konnex der ersten Nachkriegsjahre, 1945–1950, Diss. (masch.), Wien 1982.

Jarka, Horst: Nestroy im Exil, in: Nestroyana 21 (2001), S. 42–71.

Ders.: Nestroys Zerrissener im Exil. Die politischen Hintergründe der Inszenierung in Zürich 1944, in: Nestroyana 24 (2004), S. 38–61.

Kahl, Kurt: Die kleinen von den meinen – in Wien. Die Wiener Kellertheater nach dem Krieg, in: Theater heute 2 (1961), H. 6 (Juni), S. 20–25.

Ders.: Wiens Nachwuchs kommt aus dem Keller. Die neue Regisseursgeneration, in: Theater heute 4 (1963), H. 6 (Juni), S. 18–23.

Ders.: Johann Nestroy oder Der Wienerische Shakespeare, Wien–München–Zürich 1970.

Klaffenböck, Arnold. Nestroy und der Vormärz im Widerschein der Fackel des Karl Kraus – eine Kulturkritik, Dipl.-Arb., Salzburg 1997.

Ders.: „Die Zunge kann man nicht überschminken ..." Der Schriftsteller Helmut Qualtinger und seine Texte 1945–1965, Wien 2003.

Ders.: „... es ist eine Art Wahlverwandtschaft ..." Helmut Qualtinger und Johann Nestroy. Eine Spurensuche zu Helmut Qualtingers 75. Geburtstag am 8. Oktober 2003, in: Nestroyana 24 (2004), S. 62–77.

Ders.: Nestroy im ‚Kalten Krieg'. Das Haus der Temperamente in der Bearbeitung von Merz/Qualtinger, in: Nestroyana 25 (2005), S. 126–143.

Ders.: „In jedem Treppenwinkel blüht hier ein Roman". Diskurse von Alt-Neu-Wien in der Unterhaltungsliteratur 1860–1938, in: Alt-Neu-Wien. Ein Spannungsfeld der Konstruktion urbaner Identitäten, hrsg. von Monika Sommer und Heidemarie Uhl (in Druck).

Ders.: Ferdinand Raimund und das „Alt-Wiener Antlitz". Bilder urbaner Identität in der Unterhaltungsliteratur zwischen 1900 und 1945, in: Nestroyana 26 (2006), S. 148–164.

Kos, Wolfgang: Eigenheim Österreich. Zu Politik, Kultur und Alltag nach 1945, Wien 1996.

Krammer, Otto: Wiener Volkstypen. Von Buttenweibern, Zwiefel-Krowoten und anderen Wiener Originalen, Wien 1983.

Krolop, Kurt: Sprachsatire als Zeitsatire bei Karl Kraus, 2Berlin 1992.

Langer, Friedrich: Junges Theater – Studio der Hochschulen, in: Neue Wege 4 (1949), S. 124.

Lederer, Herbert: Theater im Pongau, in: Das Salzburger Jahr 1966/1967. Eine Kulturchronik, Salzburg o. J. [1966], o. S.

Ders.: Theater für *einen* Schauspieler, Wien–München 1973.

Ders.: Kindheit in Favoriten, Wien 1975.

Ders.: Im Alleingang. Bericht über fünfundzwanzig Jahre Arbeit, Wien 1984.

Ders.: Bevor alles verweht … Wiener Kellertheater 1945 bis 1960, Wien 1986.

Linhardt, Marion: Ein ‚neuer‘ Raimund?! Alexander Girardis Rolle für die Alt-Wien-Rezeption um 1900, in: Nestroyana 26 (2006), S. 165–184.

Literatur der Nachkriegszeit und der fünfziger Jahre in Österreich, hrsg. von Friedbert Aspetsberger, Norbert Frei und Hubert Lengauer (= Schriften des Instituts für Österreichkunde 44–45), Wien 1984.

Magenheim, Gerhard: Nestroy und Bäuerle oder Die beinahe uneigennützige Dankbarkeit, in: Nestroyana 15 (1995), S. 93–95.

Max Meinecke. Bühnenbildner/Regisseur/Pädagoge. Ausstellung zum 200jährigen Bestand des Burgtheaters April–Mai 1977, Museum des 20. Jahrhunderts, hrsg. vom Museum des 20. Jahrhunderts (= Katalog des Museums des 20. Jahrhunderts 95), Wien 1977.

Mommsen, Wolfgang J.: 1848. Die ungewollte Revolution. Die revolutionären Begegnungen in Europa 1830–1849, Frankfurt am Main 1998.

NS-Herrschaft in Österreich, hrsg. von Emmerich Tálos, Ernst Hanisch und Wolfgang Neugebauer (= Österreichische Texte zur Gesellschaftskritik 36), Wien 1988.

Obermaier, Walter: Nestroyaufführungen in Wien 1938–1945, in: Nestroyana 7 (1987), S. 52–64.

Ders.: Nestroy-Pflege in Österreich, in: Nestroyana 7 (1987), S. 117–129.

Ders.: Nestroy in Ischl, in: Nestroyana 25 (2005), S. 105–114.

Österreich. Geschichte und Gegenwart, hrsg. von Hannes Androsch und Helmut H. Haschek, Wien 1987.

Österreich 1945–1995. Gesellschaft–Politik–Kultur, hrsg. von Reinhard Sieder, Heinz Steinert und Emmerich Tálos, Wien 1995.

Österreichische Nationalgeschichte nach 1945. Die Spiegel der Erinnerung: Die Sicht von innen, hrsg. von Robert Kriechbaumer, Forschungsinstitut für politische und historische Studien in Salzburg, Wien–Köln–Weimar 1998.

Pichler, Gustav: Gustav Manker – ein Nestroyaner, in: Nestroyana 1 (1979), S. 62–64.

Politzer, Heinz: Franz Grillparzer oder Das abgründige Biedermeier (= Glanz und Elend der Meister), Wien–München–Zürich 1972.

Raimund, Nestroy, Grillparzer. Witz und Lebensangst, hrsg. von Ilija Dürhammer und Pia Janke, Wien 2001.

Rommel, Otto: Die Alt-Wiener Volkskomödie. Ihre Geschichte vom barocken Welt-Theater bis zum Tode Nestroys, Wien 1952.

Scheit, Gerhard: Franz Grillparzer (= rowohlts monographien 396), Reinbek bei Hamburg 1989.

Schmidt-Dengler, Wendelin: Nestroy. Die Launen des Glückes, Wien 2001.

Schreiner, Evelyn: Nationalsozialistische Kulturpolitik in Wien 1938–1945 unter spezieller Berücksichtigung der Wiener Theaterszene, Diss. (masch.), Wien 1980.

Schwarz, Heinrich: Johann Nestroy im Bild. Eine Ikonographie, bearbeitet und hrsg. von Johann Hüttner und Otto G[erhard] Schindler, Wien–München 1977.

Schweinhardt, Peter: Nestroy und die Remigranten. Die musikalische *Höllenangst*-Fassung des Neuen Theaters in der Scala (Wien 1948), in: Nestroyana 23 (2003), S. 160–178.

Schübler, Walter: Nestroy. Eine Biographie in 30 Szenen. Salzburg–Wien–Frankfurt am Main 2001.

Sengle, Friedrich: Biedermeierzeit. Deutsche Literatur im Spannungsfeld zwischen Restauration und Revolution 1815–1848, 3 Bde., Stuttgart 1971–1980.

Stachel wider den Zeitgeist. Politisches Kabarett, Flüsterwitz und subversive Textsorten, hrsg. von Oswald Panagl und Robert Kriechbaumer (= Schriftenreihe des Forschungs-institutes für politisch-historische Studien der Dr.-Wilfried-Haslauer-Bibliothek, Salz-burg 20), Wien–Köln–Weimar 2004.

Staininger, Otto: Nestroy und sein Ring, in: Wien aktuell (1977), H. 1–2 (Jänner/Februar), S. XXII–XXIII.

Theater Die Insel in der Komödie. Direktion Leon Epp (= Katalog der 236. Sonderausstellung des Historischen Museums der Stadt Wien), Wien 1998.

Theater und Gesellschaft des 19. Jahrhunderts. Ausgewählte Aufsätze zum 25-jährigen Bestehen der Zeitschrift Nestroyana. Eine Veröffentlichung der Internationalen Nestroy-Gesellschaft, hrsg. von W[illiam] Edgar Yates und Ulrike Tanzer (= Quodlibet 8), Wien 2006.

The Biedermeier and Beyond. Selected Papers from the Symposion held at St. Peter's College, Oxford from 19–21 September 1997, hrsg. von Ian F. Roe und John Warren (= Britische und Irische Studien zur deutschen Sprache und Literatur 17), Bern u. a. 1999.

The Other Vienna. The Culture of Biedermeier Austria. Österreichisches Biedermeier in Literatur, Musik, Kunst und Kulturgeschichte. Österreichisch-amerikanisches Symposi-on, veranstaltet von der Grillparzer-Gesellschaft (Wien) und der Grillparzer Society of America, der City University of New York (CUNY) und dem Österreichischen Kulturins-titut New York vom 25. bis 27. 3. 1999 in New York City, hrsg. von Robert Pichl und Clifford A. Bernd unter Mitarbeit von Margarete Wagner (= Sonderpublikationen der Grillparzer-Gesellschaft 5), Wien 2002.

Timms, Edward: Karl Kraus. Satiriker der Apokalypse. Leben und Werk 1874–1918, Wien 1995.

Trdy, Katharina Erika: „Ein Brettl muss mir die Welt bedeuten …" Die Wiener Kleinkunst-bühne „Literatur am Naschmarkt" und ihre Protagonisten Rudolf Weys und Friedrich Vas Stein, Dipl.-Arb., Wien 2006.

Vom schaffenden zum edierten Nestroy. Beiträge zum Nestroy-Symposium im Rahmen der Wiener Vorlesungen 28.–29. Oktober 1992, hrsg. von W[illiam] Edgar Yates (= Wiener Vorlesungen. Konversatorien und Studien 3), Wien 1994.

Wagner, Renate: Nestroy zum Nachschlagen. Sein Leben – sein Werk – seine Zeit, Graz–Wien–Köln 2001.

„Was wir umbringen". ,Die Fackel' von Karl Kraus, hrsg. von Heinz Lunzer, Victoria Lunzer-Talos und Marcus G. Patka, Wien 1999.

Weitgasser, Rupert: Chronik der Gemeinde Flachau. Die Bauerngemeinde im Strukturwan-del vom Eisen- und Hammerwerk zum Fremdenverkehr, hrsg. von der Gemeinde Flachau, Flachau 1999.

Weys, Rudolf: Literatur am Naschmarkt. Kulturgeschichte der Wiener Kleinkunst in Kostproben, Wien 1947.

Ders.: Cabaret und Kabarett in Wien, Wien–München 1970.

Zeit der Befreiung. Wiener Theater nach 1945, hrsg. von Hilde Haider-Pregler und Peter Roessler, Wien 1998.

Zeman, Herbert: Johann Nepomuk Nestroy. Wien 2001.

ABBILDUNGSNACHWEIS

Sämtliche in diesem Buch reproduzierten Fotografien befinden sich im Privat-besitz Herbert Lederers. Die Abbildungen auf den Seiten 78, 110, 111, 130, 131, 134, 135, 138 und 139 stammen von Erna Perger, die Zeichnung auf Seite 91 von Lucia Kellner, alle anderen Abbildungen von Martin Kainz, bei denen die Rechte liegen.